とりあえず正社員
になりたい

折れない心がほしい

1つの仕事を
続けるのは
本当に正しいのか

はっきりいって
生活は苦しい

でも、なんで、こんなに面倒臭いんだろう？

財布をなくしたり、
うっか
なん

しい

近々、仕事は
辞めようと
思っている

斬新な販売スキームを
組み立てたい

仕事するのは家族の幸せのため

今の仕事は続けつつ
週末起業を検討

妻は独立には反対。
説得を続けている

同僚とも打ち解けられない

学生時代からの
趣味を仕事にしたい

たぶん、ウチの会社は
長くはもたない

異業種交流会って
意味あるのか？

「使えるヤツ」
という評価がほしい

君がオヤジになる前に

堀江貴文

徳間書店

まえがき――いま「君」に向けて

自分が38歳になるなんて想像したこともなかった。

いや、想像しないようにしていたというのが正確な表現か。

世間的に38歳というのは、いわゆる「オヤジ」まっただなかの年齢だ。

この本は、そんな世代をこれから迎える人たちへ向けたものである。

初めに断っておくが、僕が本書で定義する「オヤジ」とは、年齢的なものではない。あらゆること――家族との向き合い方や仕事への接し方、服装や体型に至るまで――を、より良き方向へ改善しようとすることを放棄してしまった者たちへの表現だ。

彼らは現状にただ不満を持ち、将来に不安を抱えながらも、そこを打開しようという意思すら奮い起こせない。ただ、誰に向けるともなく不平を口にしているだけだ。それを僕は「思考停止状態」と呼ぶ。

本書を上梓するきっかけになったのは、近年、本来ならば「オヤジ世代」ではない層にまで、その潮流が広がっているという空気を感じたことだ。つまり、オヤジ予備軍の若者たちの増大である。

停滞する経済と閉塞感に満ちた社会システムの中で抱えざるを得ない未来への漠然とした不安は、あらゆる面で彼らを保守的にする。この傾向にストップをかけたいというのが、本書における僕の思いだ。

本書は25歳から35歳まで、各年代別に向けた僕からの提言で構成されている。各パート冒頭に設けた「つぶやき」は、僕のブログやメルマガ、ツイッターの読者や、実際の知人などが抱える悩み、不安、生き方に対する迷いの声をサンプリングし、それぞれをひとつのキャラクターとして再構成したものだ。

そう、これらの「つぶやき」の主は、いまひとつ突き抜けられずに、この本を手に取っている「君」自身の姿であると考えてほしい。

そして、そんな「君」たちへ向けた僕なりの考え方、つまり回答を示した。

とはいえ、いわゆる世間一般の人生相談にあるような、空気を読んだ無難な答えはひとつもない。むしろ僕の提言するのは、飲み会でこのような態度を取ったらウザいと思われるようなものばかりである。

しかし、敢えて僕は自分をさらけ出して、正面から「君」たちの不安に立ち向かっている。ウザいと思われようが、それを恐れず議論を挑むことが、僕にとって、自分を「オヤジ化」させないひとつのやり方でもあるからだ。

一方で僕自身が感じている自分の生き方への疑問も盛り込んでいる。それは君たちと同じような目線でもがき苦しみ、答えを出そうと努力している僕の正直な姿だ。

もちろん、単純にして絶対的な正解なんてあるはずがない。現在進行形でいろいろな人たちと出会い、切磋琢磨して、いろいろなものを取り込んで消化しない限り進歩はない。ありもしない正答を頼りに寄りかかれば、それこそ停滞するだけだ。

世間一般から見れば、僕はある意味、突き抜けた存在かもしれない。

先日もある同じ歳の著名タレントに取材された時、こう言われた。もう、ここまでやれたのだから、適当に働いてのんびりすればいいじゃない、と。

だが、僕は一切、そんなことができない性格なのである。だからこそ、ここまでは突き抜けられたのだろう。

ひとつひとつの事象について徹底的に考え抜き、結論を出すプロセスを繰り返すと、思考停止に陥らなくなる。思考停止とは安定を求め、自分の皮膚感覚や感情、生き方そのものに、こだわりを捨てるところから始まる。

しかし、この世は諸行無常。万物は流転し、そこに安定を求めるからこそ苦が生じる。古くから言われていることではあるが、人類の経験はこのような言葉を生み出した。これは物理法則の世界でも証明されていることだ。

安定を求めようとする努力のプロセスの中で、人は不安定になっていく。そのことに多くの人は気づいていない。むしろ不安定であるという真理を悟った上で、その不安定さの中でうまく生きていくスタイルを取るべきなのだ。だからこそ、思考停止に陥ってはならない。

では、思考を止めないためにはどうすればよいのか、そのヒントを山ほど本書の中にちりばめておいた。

ただ読むだけで真理が見つかるほど世の中は甘くない。本書を読みつつ、同時に自分の頭で考えてほしい。それも、思考停止に陥らないための方策であるのだから。

まえがき

カバーイラスト―福本伸行
ブックデザイン―モリタミツル

25歳の君へ

結婚も転職も、
一発逆転の儀式
なんかにはならない。

Case 1

起業という選択

今の仕事は続けつつ週末起業を検討

これからの宣伝戦略はどうするべきか

学生時代から大きな挫折はない

空気を読む能力はあると思う

起業家の成功体験は参考になる？

このまま起伏のない人生を送りたくない

失敗は怖い。完全独立には踏み切れない

もう少し仕事が軌道に乗れば結婚したい

転機がほしい

大手メーカー勤務／25歳／宣伝部戦略チームアシスタント
年収600万円／貯蓄200万円／ローンなし
住居・都内1DKマンション／ひとり暮らし／賃貸料月額10万円
都内私立大学経済学部卒業／学生時代からの恋人あり

一度独立すれば、大企業の欲しい人材になれる

先に言っておこう。

週末起業はお勧めしない。

成功するかどうか以前に、中途半端な起業は、得るものがないのだ。

今の仕事に不満を持っているなら、まず完全独立をするべき。忙しい毎日の中で、週末起業を計画するチャレンジ精神があるならできるはずだ。

起業後の失敗を怖がっている人もいるが、心配はない。

独立を一度でも経験しておくと、ビジネススキルが飛躍的にアップする。わけのわからない講師を招いた勉強会なんかに、100回通っても得られない有用な知識を得られるのだ。

具体的には、お金の流れが把握できる。

仕事を受注して、いくらの経費や事務手数料がかかって、いくらの利益をはじき出すのか。

独立すればそういった財務管理能力が身につく。

財務のことを詳しく知っている人材は、どこの会社でも引っ張りだこだ。もしも失敗した

とき、再就職はすぐできる。

例えば大手の出版社を挙げよう。本一冊まるまる作るときのお金の流れを、ちゃんとわかっている編集者は、意外と少ない。記者畑の人間だったら、取材能力は一流でも、ページ単価いくらで利益が出るか考えて仕事している人は稀だろう。もし独立を経験していたら本をつくるコスト構造を考えて、企画を立てられる。それだけで、出版社ではすごく優秀な人材とされる。また広告を取ってきたらマズそうな、ヤバい会社も見分けがつく。いったん外に出て、ひとりでビジネスをしたスキルは、大きな組織ほど活かすことができるのだ。

僕の知り合いに、ある元ネット企業の社長がいる。彼は独立して、ネットで面白い事業を展開していたけど、残念ながら失敗してしまった。しかし、その後すぐに国内の大手飲料メーカーに入って、今では超やり手のマーケティング部長としてバリバリと働いている。

動き出す前に、独立した後の失敗を恐れるよりも。

「独立したら、もっといい会社に転職できるチャンスもある！」という考え方をした方が、進歩的ではないだろうか。

素早く動き、提案を続ける

良い商品を作ってさえいれば、何もせずとも売れるというのは、さすがに前時代的な考えだ。これからの時代のプロモーションは、ただ、多くの人に商品の存在を知らしめるだけでなく、消費欲そのものを喚起させることが重要となる。

つまり、相手は人の感情だ。

君が在籍している企業の宣伝部は、あらゆる部署の中でも、人の感情を相手にするという、最も戦略性を要求されるセクションと考えてほしい。

プロモーションの主戦場として、ほとんどの人はテレビを考えるだろう。テレビは他のメディアと比べ、圧倒的なリーチを保持しているから、多くの人に存在を知らしめるという意味では確かに強い。僕がニッポン放送を買収し、フジテレビを手に入れようとした理由もそこにある。

だけど、もうCMを、ただタレ流したぐらいで、モノは売れない時代だ。それは君も充分にわかっているだろう。

企業の宣伝部の仕事といえば、ひと昔前はテレビ局の甘ったるい接待を受けて、頭の悪いオヤジの部長なんかが「じゃあ10億円出しましょう」なんて言っていたんだろうけれど、完全に昔話だ。

企業の大事な予算は、以前はコネに浪費されていた。

これからの君のビジネスは、アイディアと思考に費やすべきだ。

モノを売りたければテレビはもちろん、ネット広告や想定ユーザーに合った雑誌媒体など、すべてのメディアの可能性を横断的に検討することは最低限だろう。

そして、広告をバラ撒くだけなら、誰にでもできる。

ネットの強みは、何より情報発信の双方向性にある。つまり、これまでは情報を一方的に受け取るだけだったユーザーが、その場に参加しているという意識を持ってくれるところだ。

口コミサイトやツイッターをはじめ、最近ではグルーポンなど、その特性を活かしたネットサービスは、百花繚乱の様相だ。こうしたすべてのトレンドを押さえ、既存の媒体と連動させて、ユーザーに「欲しい」とまで、思わせる。

あるいは、面倒な稟議を通さずとも可能な手っ取り早い手段としては、知名度のあるブロガーに、自社商品を届けることもひとつだろう。

例えば僕は以前、アクエリアス・スパークリングをブログで褒めたことがある。味ものど越しも新鮮で、とても美味しかった。特に他意もなく、ブログで「アクエリアス・スパークリングって美味しい！」と書いただけで、すぐに日本コカ・コーラ社から1ケース分が送られてきた。この会社には、有名人のブログをチェックして、動き出すのが早い有能な社員がいるんだなと感心した。

いいビジネスマンというのは、そういうことだ。

自分の思考で情報をリサーチして、素早く行動を起こす。

この時代に必要なのは、行動と提案だ。

上司や仲間と飲みに行って、何となく仕事を回していればOKな時代はとっくに終焉した。

とにかく、提案しろ。思考を続けろ。

最初はどんな提案も、若僧の絵空事と思われて、上司には冷たくあしらわれるかもしれない。

けれど、大丈夫だ。

自分の頭でものを考えている人の話は、いつか必ず誰かが耳を傾けてくれる。

逆に言うなら、自分の頭で考えている者を無視するような会社だったら、さっさと辞めてしまった方がいいだろう。

スタートは人マネでもいい

起業でひとつ、失敗するパターンを教えよう。

他人がやっていることに、〝安心〟することだ。

「この事業は○○さんが当てているからイケる！」と思うと、危ない。自分の思考でビジネスを進めるのではなく、成功例をなぞりはじめる。だけど時代も市場も常に変動しているから、たいてい失敗へと転落していくのだ。

けれど、模倣がいけないと言っているのではない。

意外なことに他人のビジネスの後追いでも、けっこううまくいくケースはある。例えばiモードのソーシャルゲームビジネスは、2匹目どころか4匹目ぐらいのドジョウがうようよしている。もちろんどんなビジネスでも、パイオニアが最も成功する可能性は高いのだけど、3番手ぐらいに闖入してきた人が最終的に勝つという例は少なくない。

起業のコツは、「他人のマネをするな！」とビジネス書にうるさいほど書いてあるけど、そんなことはない。マネから始めても成功する人は、成功する。

僕が言いたいのは、スタートは模倣でもいいけれど。

自分の思考を止める危険があるから、安心は捨てるべきということだ。

でもどうして、人は他人と同じことをすると、安心するのだろうか。

僕は、誰かの成功を追いかけて起業するのなんて、くそつまらないし、それこそ不安で仕方がないのだけれど……。

こうした風潮は学校教育が元凶だろうな。「右へならえ！　協調性を重んじろ！」の大号令が、子どもたちから思考を奪ってしまう。そのくせ「個性を持て！」なんて言うものだから、むちゃくちゃだ。

まあ、この国の狭い共同体を壊さず維持するためには必要な教育かもしれない。しかし、「右にならえ」の空気は、徐々に強まっている気配がするから不気味だ。

そんな状況の中で、思考し続けなくてはいけない君たちの世代は大変だろう。

思考停止を阻む訓練として、今のトレンドでいえばツイッターを活用するのは悪くないと思う。

文章を書くという行為は脳を活性化させる。ツイッターの140字で感情を伝えるためには、いろいろな表現を使わなくちゃいけないから、自然と思考力は豊かになる。リアルタイムで、顔を見たことのない人たちとも交流できる。他者の意見を知る場としては、あれほどスピーディーで、時代の流れとリンクしている場はないだろう。

成功者の自慢話がタレ流しのビジネス書なんか読まなくていい。

ならば、ツイッターで思う存分、誰かと議論して、自分の思考を運動させ続けることの方が、将来の役に立つ。

転機がほしいのはヒマ人だからだ

できることなら、男には結婚後も恋愛を続けてほしい。もちろん妻に対しては、最大限の配慮を払うべきだろう。

僕の場合は、妻がいて別の女性を愛するという器用な恋愛が絶対に無理だから、結婚しないのだ。

携帯電話を勝手に盗み見されないようにするとか、ウソの出張をでっちあげたり……日常にそんな手間をかける余裕がない。

僕は、恋愛に対しては手を抜けないのだ。一直線でいたいのだ。家庭があるからコソコソつきあう、という適当なやり方が合わない。というか、できない。

この性格は議論の場でも共通していると自覚している。ツイッターでも、すぐ議論になってウザがられる。飲んでいる席でも、場の空気を壊すのを平気で議論をふっかける。同席者には「少し大人になれよ」と苦笑いされるけど、「放っとけよ。俺がウザいのはわかって付き合ってんだろう！　俺はとことん議論したい男なんだよ」と言い返しているのだ。

君のようなタイプは、きっと摩擦が苦手なんだ。

議論もしなければ、悪口からもすっと遠ざかる。たぶん勉強も運動もそこそこできたはず。和をもって貴しとなす、という教育の中、評価されてきた優等生なのだろう。

でも、そういう「そこそこ」の人が、いま最も損をしている。

ビジネスにおいても、私生活でもだ。

そこそこの収入もあって、そこそこの遊びも知ってるけど、スコーン！と突き抜けていないから、いつまでもモヤモヤしているんじゃないだろうか。

君はモヤモヤを打破するきっかけに、結婚や起業を考えているのかもしれない。

だとしたら大間違いだ。

結婚も起業も、ただの作業であって、人を突破させる一発逆転の儀式ではない。

まだ若いのだから、結婚や起業よりも先に、もっと忘我の境地にまで至る強烈な体験をするべきだろう。

何かにハマるとかでもいい。

僕でいえば大学時代、ものすごく競馬にハマった。

ほとんど毎日、競馬新聞を眺めて、馬券のことばかり考えていた。本気で競馬で儲けようと思っていた。いつか馬券で、馬主になるのを夢見ていた。当時では珍しかった馬券術のソフトを駆使して、万馬券を当てたこともある。

だが、あまりにハマりすぎて友達を全員失ったし、気づいたら負けがこんで、最後の馬券をすったときは通帳の残高が1000円ちょっとになっていた。そこでやっと「ダメだ、競馬の才能はない……」と気づいて、アルバイトを必死に探したんだ。

もともと何事にもハマり性なのだ。経営も、政治も、恋愛も、やり始めると止まらない。

それは、思考を止めたくないからだ。

僕は睡眠以外の時間は、常に思考をガリガリにチューニングしている。

何も考えない時間を一瞬でもつくりたくない。少しでもヒマがあればiPhoneをいじっているし、退屈な女の話を聞いてるときも「そうなんだ、ふーん」と聞き流しながら、画面をタッチしている。

生まれてから一度も、ヒマを楽しむという概念を持ったことがない。

あるいは君はただ、ヒマなだけじゃないだろうか？

結婚や転職で人生が変わるなんて、ヒマ人の発想だろう。

少なくとも僕は、起業の時、これが人生の転機だなんて考えたこともない。

まあ、何を転機にするかは当人次第だが、結婚や起業で何かが変わると考えていること自体、まだ「そこそこ」で立ち止まっていることの証左だ。

一歩進み出す前に、眉間が熱くなるぐらい、今の仕事に没頭するか、別の女を口説くことに集中してみたらどうだろう。

Case 2
本当の働き盛り

とりあえず正社員になりたい

そのためには上司に気に入られないと

休日はテレビを観て過ごすのが幸せ

「使えるヤツ」という評価がほしい

トレンドを確認するためにもテレビは必要

牛丼とコンビニ弁当で大丈夫。燃費はいいと思う

みんな交通費の水増しぐらいやっている

30代までは修業だ

イベント会社勤務／24歳／制作部でアルバイト待遇
年収240万円／消費者金融に20万円の借金あり
住居・都下1Kアパート／ひとり暮らし／賃貸料月額6万円
都内私立大学商学部卒業／彼女はなし／正社員経験なし

会議にサンドイッチを買ってくるな！

会社で若い下っ端の社員が、有能かダメなヤツかを一発で見分ける方法がある。

長時間の会議で、みんなで食べる食事を、買いに行かせればいい。

何を買ってくるか、指示は出さない。

そこでサンドイッチとペットボトルのお茶を買ってくるようなヤツは、まず使えないと断じていいだろう。

もし僕が、そういう若いヤツに出会ったら。

「なんでサンドイッチとお茶でＯＫと思ったわけ？　ちゃんと考えて選んでこいよ」

と、怒り出すだろう。

コンビニとかで、適当に目についた軽食を買ってくる者は、間違いなく思考停止している。

「このぐらいの食事が無難だろう」と、考えるのを止めている。もしくは「会議の食べ物ぐらいにこだわるのは無駄じゃないか」と思っているのかもしれない。

それは大きな間違いだ。

もしお茶を5本買えるなら、1本ずつ別々の飲料を選ぶべき。会議の席で、誰がどの飲み物を選ぶかで、ちょっとした息抜きの話し合いもできるし、相手の知らない嗜好がわかったりする。

またはサンドイッチではなく、新商品のパンやお菓子を選んでくるといい。会議の席で「こんな商品、出ていたんだ」「どんな味?」と、別の話題で盛り上がることもできそうだ。少なくとも、コンビニのサンドイッチじゃなくて、フレッシュネスバーガーを選んでくるぐらいの工夫と気遣いは欲しい。

たったこれだけの手間で、会議の場が豊かになる。

使い走りの場でも、ひそかに「こいつは頭を使って行動するのか?」と試されていることを自覚すべきだ。

僕は、何を食べたい?と訊かれて「何でもいい」と答える人も大嫌いだ。

ひとり暮らしだからといって、毎晩、同じメニューとか同じ弁当で満足している人も理解しがたい。

食習慣の均質化は、思考を停止させる可能性をはらんでいる。

朝食の献立を毎日考えるのは、生産的でとても楽しい作業なのだ。パンでも、カレーでも、パスタでも何だっていいじゃないか。パターン化した流れに安心感を覚え、「朝食に麻婆豆腐はあり得ない」と決めつけるのは、ダメなことの規範を自ら狭めているだけ。こんなにも豊かな選択肢に囲まれた生活を、わざわざ窮屈にするだけだ。

僕は常に今日の食事を何にしようかと考えている。人よりも美味しいものをたくさん知っていることもあるけれど、食事をおろそかにする人は、大きな損失を出していることを認識するべきだろう。

美味しい店を見つけて、ちょっとブログに書いただけで、グルメ本の企画が決まることもある。日常の何気ないところに興味を持っていると、思いがけない展開はひらけてくる。

例えば、カラオケだってそうだ。

ちょっと前に流行った自分の好きな曲ばかり歌っているのは、確かに気持ちいいけれど、それでは思考が止まってしまう。その結果が、部下に懐メロを聞かせて悦に入っている、オヤジ上司の姿だ。

僕は、進んで新曲を覚えるようにしている。同じ歌は10回も歌えば飽きるから、いつも新曲を探している。ヒットチャートの上位に入る曲なら常時、だいたい網羅しているつもりだ。歌なんてネットでいくらでもダウンロードできるし、試聴もできる。テレビが好きなら、カウントダウン番組をチェックするだけでもいい。たいして手間はかからないはずだ。

どこの広告代理店でも、消費が活発な若い世代の気持ちはノドから手が出るほどほしい。しかし、大人になった者が10歳も20歳も違うジェネレーションギャップを埋めるのは、なかなか困難なことだ。

だが、流行歌を聴けば、時代を象徴している言葉に触れることができる。

この貴重な機会を無駄にするのは、ビジネスチャンスだけを考えても、大きな損失と考えるべきだろう。

もちろん、新曲を知っていれば、懐メロオヤジより女の子にモテる確率が上がるのは言うまでもないが。

テレビの内容の薄さに耐えられない

そもそも、テレビ大好き！という若者が珍しい。

珍しいというか、よく耐えられるなというか……ちょっと感心してしまう。

僕はごく限られた番組以外、テレビをまったく観ない。バラエティもニュースもドラマも、あまりに中身がなくて薄っぺらいのが本当に耐えられない。この傾向は、ここ数年で、さらに拍車がかかっている気がする。

それでもテレビが日本最大のメディアであることは認める。でも、僕はあんなものに貴重な時間をとられたくはない。テレビは基本的に出演するもので、僕にとっては観るものじゃない。

最近でいえば、ＮＨＫの『龍馬伝』だけは、楽しく観ていた。さすが国営放送が莫大な資金と人材を注ぎ込んで制作しているだけあって、濃密な作りで飽きさせなかった。と、思っていたけど、第2部の最終回がひどかったな……。武市半平太が切腹するエピソードだったが、腹を斬るだけのシーンで30分ぐらい延々引っぱっていた。はっきり言って、長すぎる。

どうも映画的効果を狙っての演出のようだけど、そんなの必要だろうか？　ただダラダラと感情を引き延ばした演出に、心を打つ効果があると信じているのか。

ＮＨＫもこの有り様か……と、心底がっかりした。

現在のテレビの根本的な問題は、受け手にまったく思考を要求しないことだ。時間あたりのコンテンツ量は極端に薄いし（そうじゃないと受け入れられない風潮になっているのも腹立たしいが）、トレンドをウオッチするには、偏りすぎている。

若者が連続ドラマの話題についていきたいという気持ちは理解できなくもない。だが、放送直後に、ネット上にテキスト化されたあらすじをチェックするだけで、情報という意味では充分じゃないだろうか？

君が、芸能やテレビと密接に関係する仕事をしているなら別だが、一般的なビジネスに携わっているのであれば、時間対効果は悪すぎる。

テレビの薄味化は、どんどん進行していくはずだ。

この高度情報化社会で生き残りたいと願っているなら。

薄味のものから意識的に遠ざかるべきだろう。

違法行為は、思っている以上に蔓延している

ライブドア時代、僕にとって優秀な部下の条件はひとつだけだった。

僕の代わりに仕事をしてくれる人だ。

つまり、パーフェクトな分身がいればよかった。

上司の求めることなんて、その程度だ。

ライブドアでは、職人肌の人間は基本的に雇っていない。僕の手の回らない仕事を失敗せずに、きちんと回せる人を優遇した。経営者によっては、仕事にこだわりのあるアーティス

ティックな社員も必要だと言うけれど、それはどうなんだろう。美味しくて安いハンバーガーをたくさんの人に売って、実績をあげるようなビジネスには、むしろ邪魔なだけじゃないだろうか。

上司にアピールするとき、自分の技術や才能を提示しても、あまり効果はない気がする。それより「僕はあなたの手が回らない仕事を完璧にやってのけます」と言う方が、覚えは何倍もいいだろう。

僕の下で働きたいという人は、正直いまでも多い。だけど、もう人をたくさん雇って、仕事をすることはないと思う。

慕ってくれるのは嬉しいし、基本的に来るものは拒まずの性格なんだけど、大所帯の会社で、大がかりなビジネスを手がけるのは、1回やれるところまでやった感がある。今後しばらくは、ひとりでやっていくだろう。

経営に関してはスネに傷を持つ身でもあるし、若い人材の人生に責任は持てない。もっと言うと、若い人のおかしな行動をいちいち修正する気力が、もうないのだ。

経営しているとよくわかる。本当に、いろんな人が、いろんな場面で、平気で違法行為を犯しているんだ。

特に罪悪感もなくやっているだろう交通費の水増し請求や、会議費に紛れ込ませて私物を購入したりすること。それだって充分に会社に対する横領罪として立件される。業務上横領は、10年以下の懲役が科せられる立派な重罪だ。

そこを指摘すると、「みんなやっていることじゃないですか」と大半の者は言う。だが、何らかのタイミングでそれが問題視された時、そんな反論は一切通用しない。皮肉にも、これは僕が身をもって体験したことだ。

僕も人を通じて、ガールズバーの経営をやりませんか?ともちかけられたことがある。迷うまでもなく断った。あれは風営法に照らし合わせると充分、違法な商売だ。それを検挙するかどうかは、権力側の気まぐれ次第なんだ。

さらに、世の中の清浄化・無菌化の潮流は、急速に進んでいる。

社会が成熟していく過程で、違法行為が少なくなればなるほど、権力側は自らの存在意義を維持するために、これまでは問題視されなかった瑣末な違反も取り締まりの対象としていく。金融商品取引法や、飲酒運転の罰則が大幅に強化されたのは、そのせいだ。

昨日までセーフだったことが、世論のちょっとした変化によって、罪に問われる。こんな不気味な空気の中で、若者が既存の価値観をぶっ壊し、創造するエネルギーを持てなくなるのも仕方ない。

だからこそ、今の若い世代は、さまざまな場面で法律をもっと勉強した方がいい。上司に気に入られるのも大事だろう。だが、上司と距離が近くなりすぎれば、彼の違法行為の片棒を知らない間に、かつがされている可能性だってある。

上司に可愛がられるより、法に詳しくなる方が、よほどセーフティだ。

大げさな話だと思うだろう。しかし、それが、この国で萎縮せず、かつ落とし穴に落ちないための新しいルールだ。

社員の違法行為の監視に目を光らせる手間を考えたら、社員を大勢雇うのはリスキーすぎる。バーチャルオフィスで充分だ。

そもそも事業に、社員なんていらない。

管理コストを払ってでも、他人の手で足りる部署は外注で済ませた方がいい。

今後はさらに、そういう流れが加速していくだろう。

本当の働き盛りは20代だ

ここまでの話を聞いて、若い人は自分たちが40~50代の働き盛りになったときの就労環境がどうなっているか、不安に思うかもしれない。

でも、ちょっと待ってほしい。

働き盛りが40代からなんて、誰が決めた？

普通に考えれば、気力も体力も野心も最もみなぎっている20代が、一番の働き盛りではないだろうか。

君が今25歳ならば、自分はまだまだぺーぺーの見習いの身分だと思っているだろう。

それは違う。社会人として、最盛期にいるのだ。

人生で起きる成功を、あと数年ですべてやり遂げてみせる！ぐらいの気持ちになった方がいいと思う。

20代が最もパフォーマンスに優れているのは、スポーツ界を見ればよくわかる。メジャーリーグの30代のスター選手などは、20代の時に体系化した技術と肉体で、長い間トップクラスを維持しているのだろう。僕だって、いろいろな事業に関わっているけれど、ほとんど20代のときの蓄えで食べているようなものだ。おそらくそれは50歳になっても同じだろう。

確実に言えるのは、40代になれば肉体の無理がきかない。

しかし、20代で一定の成功体験を重ねておけば、その後の人生で追い込まれたとき、強い自信になる。

これまで縁がなかった取引先から仕事を取るとか。
趣味で書いているブログを、書籍化のオファーが来るほどメジャーにするとか。
職場のアイドル的存在を口説き落とすとか。
何でもいい。若いうちに自分ひとりの力だけで成し遂げることだ。
君は上司の評価ではなく、もっと現在の自分に、危機感を持つべきだ。
刻一刻と、人生の最盛期は過ぎている。
上司への媚びを捨て、独立を真剣に考えろ。
会社に残るなら、営業成績を伸ばす方法を自分で探し出せ。
まずは、テレビの電源を切ろう。
思考をより濃密にして、過ぎていくチャンスを自分でせき止めるんだ。

Case 3

趣味と仕事の境界

国立大学卒、
転職3度で現在無職。
このまま負け組？

能力はあると思う。
我慢が苦手なだけ

地に足ついた生活が
親の理想

1つの仕事を
続けるのは
本当に正しいのか

「お前には投資した」
両親からのプレッシャーがしんどい

映画、アート、サッカー、
車、サーフィンに旅行…
趣味多すぎる？

元作家志望。
あふれる本の
置き場所に困る

ベンチャーで
一発逆転したい

アルバイト／27歳／3ヶ月前に中堅広告代理店を退職。求職中
年収100万円／貯蓄10万円／都下の実家住まいのため、家賃、食費はゼロ
地方国立大学文学部卒業／彼女はなし／スポーツから読書まで多趣味
これまで3度の転職／現在は一時的に父親の経営するスーパーの手伝い

投資は戻ってこないと肝に銘じろ

ベンチャー企業の最大のアドバンテージは、能力があれば出世が早いところだ。自分の可能性を最大限に活かしたいという人には、向いている。もちろん、福利厚生の厚さは大手企業と比べられるはずもないし、成績を残せない者にとっては「ブラック企業」でしかないかもしれない。

だが、何も持たざる者にとって、これほど恵まれた環境はない。

ベンチャーは安定しないからやめておけと、大人たちはしばしば言うようだが、本質的に安定した会社など、もはやこの日本には存在しない。大手なら安心、というのはオヤジ世代の哀しい幻想だ。

例に挙げるまでもないが、山一證券やＪＡＬがあんな状態になるなんて、彼らの誰が想像していただろう？　ほかにも、経営が危ぶまれている超有名企業はいくらでもある。あと数年もしないうちに必ず倒産する大企業を、僕はいくつも挙げられる。その未来予想図を「そんなバカな」と笑う人は必ずいる。せいぜい幻想にとらわれていればいい。

条件のいい会社へ次々と転職していくのは、スピード感があってなかなか刺激的だろう。それでいいと思う。一社に居続けていいことなんて何もない。変わり映えのない人間関係とルーティンの仕事の中で、年功序列的に偉くなっていくことは、むしろ危険なことだと考えた方がいい。

一方、親が子どもに対して「投資」という表現を使うのは、非常に問題だ。どうもオヤジ世代というのは、投資は戻ってきて当然と考えているようだが、根本的に間違っている。投資とは、自分の未来への可能性に対してお金を支払うことで、後々、形になって還ってくることは、むしろ稀だと考えるべきだ。

僕が言っても説得力がないかもしれないが、親が子にかける本物の投資とは、無償の愛でなくてはならないのだ。

昨今しばしばニュースで目にする、家族間で起きてしまった凄惨な事件は多くの場合、その部分がねじれているのが原因だと思う。

面倒を見たんだから、ちゃんと恩返ししなさい！なんて言う人は、たとえ血の繋がった親であっても、君が本当に困ったときに助けてくれるような人ではない。

君は、一日も早く、親を切り捨てて生きていくべきだろう。

小説を読むのは時間対効果が薄すぎる

学校の教師とか、やけに時代小説とかが好きなオヤジたちは、「活字を読みなさい」とうるさく言うけれど、あれはなぜだろう？

知識を得るならネットが一番早くて確実だし、思考力をつけるならツイッターの方が手軽で効果的だろう。

僕は小説を読むメリットは、あまりない気がする。

思考をただ埋めるには、役立つかもしれないが……あれは長すぎる。

小説に書いてある、最も重要なメッセージにたどり着くのに、延々ページをめくり続けなくてはならない。その間の風景描写や、キャラクターの心情の移り変わりがあまりに退屈で……正直うんざりする。行間を読んで楽しめるほど、僕は気が長くない。

小説を読むなとは言わないし、役立つ部分があるのも認めるけれど。

時間対効果が薄すぎはしないだろうか？

読書にかける時間と、結果として得られる情報の価値が、僕の実感では釣り合っていないのだ。

歴史大河小説を、読んだ経験がないわけではないが、どうも長すぎて……こんなことしてるヒマがあるなら別の用事を片づけなくちゃ！と真剣に思う。

時間対効果という意味では、マンガの方がはるかに高いだろう。つまらない小説より、きちんと取材して描かれたクオリティの高いマンガを読んだ方が、より早く賢くなれる。

僕が書いた小説『拝金』は、この時間対効果をできるだけ高く設定することを意識した。普通の実用書には負けない、読めば役立つ情報を100個ぐらい詰め込んでいる。ディテールが甘いとか、こんな描写の薄いものは小説じゃないとか、厳しい書評もあったけれど、細かいディテールや描写の掘り下げに、何の意味があるのだろう？　正直、そんなものにこだわるのは送り手だけだ。武市半平太の切腹シーンに30分かける発想と同じで、受け手にとっては退屈きわまりない。

『拝金』のエピソードは、掘り下げようと思えば、いくらでも長く書くこともできた。だが、それを敢えて排して、スピード感を維持することに重点を置いた。読者の時間対効果に最大限配慮したのだ。

何の自慢にもならないが、ハードカバーの小説を仕事以外で最後に読んだのはいつなのか、まったく思い出せない。純粋な趣味というなら、学生時代にまでさかのぼるんじゃないだろうか。だからといって、僕は思考力がないわけじゃないし、読解力もそこそこある方だと思う。毎日ネットでニュースを読んだり、仕事の資料文献を調べたり、自分でコラムを書いたり、文章には日常的に触れているからだ。

中途半端な読書で得ている思考力や情報は、ネットでも充分に代用できる。ネットを基本にすればペーパーレスだから場所も取らない。

小説を読むのもいいが、一度、時間対効果というものを真剣に考えてみてほしい。

君は、部屋が本で埋もれて、積み上げたら山になると、まるで自慢のように語る読書好きのようだ。

君に訊きたい。

書物の山は、本当に必要な情報をもたらしてくれたか？

その山を征服している間に、現在のスピードに乗り遅れてはいないか？

20歳を面白がらせる70歳のジイさんになりたい

何にでも興味を持つのはいいことだ。飽きたらすぐ、別の新しいものを見つけるというのは、僕も同じだ。

たまに「堀江さんは何でもやるんですね」と皮肉っぽく言われる。政治の話を真剣に論じた後、別の仕事でほぼ全裸のセクシー女優に囲まれて麻雀をやっていたりする。基本的に面白いと思ったことを区別なくやっているだけで、僕の中に違和感はない。

この国では、やりたいことに軸がないヤツは、ダメだと言われる傾向がある。なぜだろう？　その軸が「ただ面白いことをしたい」では、いけないのだろうか？

ひとつの道を究めるという生き方もあるだろうが、僕にはマネできそうもない。道を究めるという発想が、どうも守りに入っている気がして合わないのだ。

北野武さんは、世界的映画監督でありながら、東京スポーツ主催の映画祭では審査委員長として、長くAV業界にも賞を与えてきた。ゴールデンの内容の薄い番組の司会をしながら、深夜に難解な数学の番組を続けていたりする。あの人のバランスの取り方なのかもしれないが、僕には気持ちがよくわかる。本当に興味のあるものが、いくつもあるのだろう。

興味の対象をたくさん持っていて、それぞれに集中力を注げる人でないと、本当の意味で己を突破することは、できないんじゃないのだろうか。

正直、僕ぐらいの知名度があれば、地方の講演会をこなして、1ヶ月100万円ほどのギャラをもらって充分に生活することはできる。どこかの会社のコンサルタントをしてもいいし、ブログを書いているだけでも、アフェリエイトなどでそこそこ収入は入ってくる。でも、その程度の人生で満足したくない。

ここでいいやと満足したら、思考停止が始まってしまう。常に新しいジャンルの仕事に触れて、新しい情報にさらされ、思考を続けたいのだ。

先日、僕がカメラマンになって、モデルを撮影する仕事をした。どちらかというと、僕は撮られる機会の方が多いわけだが、いつもプロのカメラマンは僕を撮影中、レンズを一度下に向ける動作をする。

以前から、何だろう?と思っていたのだが、あれは被写体のバストアップの後に全身を撮る時、絞りの設定を変える作業なんだ。自分でカメラを構えてみて、初めてわかった。「自分は被写体だから」という理由で、カメラマンの仕事を断っていたら、そういう知識は得られなかっただろう。

いろいろなことに興味を持って、触れ続けていれば、知識が増える。そうすると北野武さんのように、周りに自然と人も集まってくるだろう。

僕の知り合いに65歳のミュージカルのプロデューサーがいる。かなり年配ではあるが、ネットをちゃんと触れるし、ツイッターも楽々とやっている。仕事柄、オーディションなどをする機会も多く、女子高生の女の子なんかとも普通に喋っている。感性が若いし、常に新しい情報を集めているから、彼のもとには若い人がたくさん集まるのだ。

ああいう大人になりたいなと思う。

ハタチの子たちを面白がらせる話題を持っている70歳なんて、素敵じゃないか。

そのためには、やはりいろいろなことに興味を持っておきたい。

いま僕が手がけている仕事のひとつが、後々の若い人たちが集まる最先端カルチャーになっているかもしれない。ロケット事業が、もしかしたら50年後、渋谷の若者たちの感性とリンクしている可能性だってあるだろう。

もし、「やりたいことをひとつに絞れ!」と誰かに言われたら。

「俺は若者を面白がらせるジイさんになりたいから、このままでいいんだ!」と言い返してやればいい。

相手は呆気に取られるだろうけど、何十年後かに笑っているのは、君の方だ。

28歳の君へ

敵は会社でも
システムでもない。
己の思考停止だ。

Case 4

結婚と保険と

尻に敷かれる
ってこういうことか

保険は家族への責任

たぶん、ウチの会社は
長くはもたない

仕事するのは家族の幸せのため

惨めな
老後だけは
イヤだ

月1回ペースで
妻の実家へ

離婚?
考えないわけじゃ
ないけれど

子供を
つくってこそ
一人前

でも、なんで、こんなに面倒臭いんだろう?

商社勤務/28歳/繊維部門の国内営業/転職経験なし
年収500万円/貯蓄50万円/民間保険加入を検討
住居・都心2LDKマンション/賃貸料月額15万円
都内私立大学卒業/結婚2年/2歳上の妻と2人暮らし
子供はほしい/妻は結婚前からの一般職の仕事を続けている

保険は割に合わないギャンブルだ

まず初めに断言する。僕は生命保険には入らない。

ライブドア時代に住友生命から1億円ほどの仕事を受けて、朝日生命とは合弁会社をつくったこともあるけれど、自分が個人として保険に加入する気は、さらさらない。

あんな時代遅れで、金を払うリスクだけしかない制度が、どうして自然に受け入れられているのか。僕には理解できない。

就職して数年ほどの若い会社員には、保険に入るのを検討している、またはすでに複数の社で加入している人もいるだろう。

病気や怪我などで、働けない状況に陥ったときの貯金代わりとでも思っているのかもしれない。だったら工夫して貯金すればいいのにと、僕は考えるのだが……。

保険はそもそもギャンブルから始まっている。イギリスの東インド会社は、17世紀から19世紀半ばまでアジアの貿易を独占していて、香辛料の輸入・輸送で莫大な利益を挙げていた。主な輸送手段は航路だ。まだスエズ運河もない時代。ある一定の確率で貿易船はアジア海域で難破したという。その事故の発生を、港のコーヒーショップで、男たちが賭けの対象にしたのが現代の損害保険の始まりだ。ちなみに賭けの場となったコーヒーショップはロイズという店で、その後、世界最大手の保険会社に成長している。

つまり保険の仕組みの原点は、ギャンブルなのだ。

いま保険に入っている人は、誰かの賭けの対象にされているということだ。

君はいま、他人が喜ぶギャンブルのために、毎月いくらかのお金を、何十年も払い続けようとしているんだ。

「妻にうるさく言われて仕方なく加入する」という場合もあるだろう。妻を黙らせる一種のトレードオフとしては間違っていないが、同じトレードオフするならほかにも方法はある。保険に加入しないでも、妻に人生の不安を与えない、別の何かを差し出せばいい。きちんと交渉していないだけではないだろうか。

または「保険に入っていれば、自分が死んだときに妻子にお金が残せる」という意見もある。

だけど、この日本という国のセーフティネットはなかなか高いレベルで機能している。一家の大黒柱を失っても、きちんと手続きすれば残った家族は生活保護を受けることができる。生活保護受給者の暮らしは、昔ほど悲惨ではない。文化的な生活は必ず国が保障してくれる。

子どもを何人か養っていく仕事だって、探せばあるはずだ。少なくとも家族全員が飢えて路頭に迷うことは、現実的にあり得ない。

そもそもの話をすると。

僕は死んだ後のことなんて、考えたことがない。

その後の人生はないのだから、生きているうちに心配する意味はないんじゃないか？

生き残った家族は「生きているんだからいいじゃん」と思うし、死んだ後の自分にギャンブル会社から値段をつけられるなんて、冗談じゃない。

けれど、残された家族に生きている自分がいた頃と同じくらいの生活をさせてあげたいという気持ちはわかる。

残った者の経済を保障するという意味では、保険はそれなりに効果があるだろう。

でも……できることなら。

生きている今を充実させて、家族を幸せにする経済力を維持する。そういう発想の方が、生産的ではないだろうか？

もしもの災厄を憂えるのは結構だ。

でも死んだ後のことまで憂えるのは、想像力が豊かなんだとしか思えない。

そんな想像力、今の君に必要だろうか?

老後の不安を消す方法なんてない

僕は自分のツイッター、ブログ、メールマガジンで、読者と常に触れ合っている。

そこでもたくさんの質問を受ける。

ここ近年、多くなってきたなと思うのが、20代後半の若者からの人生相談だ。

いわく「老後が不安だ」という。呆れるというより、若者のネガティブなマインドに驚くのみだ。いったい何十年後のことを心配しているんだ?

歳をとれば体力も落ちるし、若い時のようにモテなくなる。性欲はそう簡単になくならないけど、男性機能は下がってゆく一方。歳をとっても基本、いいことなんて何もない。

いいことなんて何もない未来の話が、君はなぜ気がかりなんだ?

アリとキリギリスの寓話を信じ込まされているのかもしれない。

はっきり言おう。あの話はウソだ。

コツコツ真面目にひとつの仕事に集中していれば、後に幸せな人生が待っているなんて、あり得ない。幻想の物語だ。会社員を数年やっている人ならば、嫌というほど知っているはずだ。

どう頑張っても老後にいいことなんてないし、不安が完全に消える方法もない。本当は君も気づいているんだろう?

ただ、老後の心配をしているのが、正しく成熟した大人なんだと、周りから信じ込まされているだけだ。

そんな無意味な不安に悶々としているのだとしたら、君はヒマなのだ。

僕は20代の頃に老後の不安なんてしたことがない。毎日仕事で忙しくて、不安を感じるヒマもなかったし、今もそうだ。

少し前、もし自分が20代に戻れたら、再び新会社で世界企業を目指すかもしれないと、発言したことがある。

今でもその可能性はないわけじゃない。アップルだとかマイクロソフトだとか、あのレベルの企業を目指すことは、体力的にも気力的にもきっとできる。

ただ――。38歳を迎える現在。

世界企業をやるには、一生の仕事にしなくちゃいけないと気づいた。

他にいくらでもあるやりたいことを犠牲にして、60歳になった時に社員10万人の企業の社

25歳の君へ
28歳の君へ
32歳の君へ
35歳の君へ
38歳の僕へ

長ぐらいで収まっていたくない。正直、世界企業のトップの役職に就いたところで「その程度の人生なの？」と思う。

好きな人に会ったり、好きなことをブログに書いたり、思いがけない仕事に情熱を傾けたり、意外性のある人生からは遠ざかるだろう。

しょせん、サラリーマンが考えうる最高のトップ人生は、「その程度」なのだ。

君に問おう。

与えられた選択肢の中で、面白い方を取りながら、突き進む人生と。

何十年後かの自分の未来予想図にビクビクしながら過ごす人生と。

どっちが幸せか？

一夫一婦制を守らなくてはいけない時代は終わっている

君は結婚をしているね。子どもが欲しいとも願っている。

予想すると、君は義理の両親から「男は子育てしてこそ一人前だ」「子どもの幸せのために仕事しなさい」などと、繰り返し言われているのではないか。まあ、義理の両親との話題なんて、せいぜいそのぐらいしかないだろう。

どういうわけかこの国では、子どもの笑顔のために辛い仕事を頑張るのが、素晴らしい人生だとされている。実際、仕事を終えて帰って、子どもの寝顔を見たら、疲れも吹っ飛ぶと話す人を僕もたくさん知っているけれど……。

本当なのか？

カッコつけてるだけじゃないのか？

確かに子どもの寝顔は可愛らしいけれど、ただの寝顔じゃないか。

子どものために人生を捧げるというのは、何というか……ストイックすぎる。

はっきり言うけれど、子どもが絶対的に可愛いのなんて、ごく一時期のことだけだ。小学生になれば、ひどく生意気になるし、中学・高校に上がると言うことなんて聞かない。しかもだんだん親を嫌いはじめる。

君もそうだったろう？

子どもは、親の幸福を生産するものではない。

子どもに尽くす家庭的な人生が幸せだなんて、ただの思い込みだろう。

幸福の主体は、自分自身に拠《よ》らせるべきだ。

君は離婚も考えたようだね。なぜ踏みきらないんだ？

借金もゼロのようだし、特に問題ないだろう。

いま日本では、離婚率が年々上昇しているという。結構なことじゃないか。

そもそも、夫婦お互いに合意の上で結婚という契約を解除するのが、どうして今まで、避けるべき事態だとされていたのか?

生涯一夫一婦制の結婚は、日本人のほぼ全員が土地に縛られていた時代の名残なのだ。どんなバカでも結婚させて、少ない田畑を長男に継がせ、稲作を後々まで続けていく伝統が、国家を維持する知恵のひとつだった。だからそう簡単に離婚できないよう、見えない力が「離婚は恥ずかしいこと」と刷り込んで、人々を家庭に縛っていた。

だけど、今は違う。

安い金で海外から美味しい食糧を輸入していて、人口の3パーセント程度の農家で、充分に国の胃袋を満たせている。

日本人が土地に縛られていた時代はとっくに終わった。

離婚率の増加は、そういった当たり前の現実を反映したモラルハザードの一部なのだ。

もしも「義理の父母が別れたらダメだと言うから」という理由で、結婚を終わらせられないのだとしたら、思いきって耳をふさげばいい。

すると「このままでいいのか?」という自分の内なる声が聞こえてくるはずだ。

あるいは、現在の妻と別れたら、別のパートナーを見つけるのが大変だと言うかもしれない。

心配は無用だ。ネットの普及によって、出会いの場は格段に広がっている。東京に住みながらも、東北や九州の女性と知り合いになるチャンスはいくらでもある。話の合う女性と出会う機会は、ほぼ無限だ。容姿や女性慣れによる恋愛格差はあるかもしれないけれど、この世に君のことを好きと言ってくれる女性が、ひとりもいないなんてことはあり得ない。男女のマッチングの幅の広さを信じるべきだ。

離婚に踏みきれない人は、とてもモラリストなのだろうと思う。

親を大事に、妻を大事に、子どもを大事に生きるのが正しいと考えている。

はっきり言うが、そのモラルは、危険だ。

離婚をせずに耐え続けることが、幸福な人生だとは思えない。

親や家族を大事にすること自体は、いいことかもしれないが、度を過ぎて介護疲れなどで自殺する人もいるのだから。それこそ本末転倒だろう。

誤解のないように言うが、僕はモラルを全否定しているのではない。

そのモラルが何をもたらしてくれるのか、ちゃんと自分の頭で考えもせず、無条件で受容する生き方に意味はないし、現実にモラルハザードは起きているのだ。

モラルを貫き通して死んでも、誰もたいして褒めてくれないだろう。「あの人は真面目だった」と、故人を偲んでもらっておしまいだ。

それよりモラルの外に出て、自分は何をしたいのか？ どう生きたいのか？ を必死に考える人生の方が、僕は幸福だと信じている。

まず手始めに、邪魔なモラルを飛び越す手段として。

離婚するのは、いい方法だ。

ひどい男だと、義理の両親のほかにも君を責める人はいるかもしれないが、何年後かの君自身が、解き放たれた自分を責めることはないだろう。

Case 5

「待つ」という言い訳

はっきりいって生活は苦しい

結婚翌年に長男、3年後に長女も誕生

機械音痴…
ネットはiモードオンリー

料理も洋服選びも妻に頼りきり

休日は愛車の軽ワゴンでドライブ

目の前が開けるような成功者の助言が欲しい

嫌な仕事にも頑張って耐えている

だから、苦労はいつか報われると思う

建設会社勤務／30歳／前職は販売業、水商売ほか5業種ほど経験
年収350万円／貯蓄5万円／車のローンが約50万円
住居・東京近郊の3DKアパート／賃貸料月額9万円
県立高校卒／結婚5年／妻、2人の子と4人暮らし
妻はパートで月6万円程度の収入／生活は苦しい

タクシー運転手の問題点

君のようなタイプの人の話を聞くと、僕は5年ほど前に体験した、ある怒りを思い出してしまう。

当時、僕はNHKのある討論番組に出演した。テーマは格差社会を問う、とかそんな内容だったと思う。

一般の相談者としてタクシードライバーの男性が登場した。彼は「規制緩和政策の影響で、タクシー会社が一斉に値下げ競争に転じた。そのせいで収入が手取り10万円ぐらいになってしまった」「つい最近、3人目の赤ちゃんが生まれた。もう生活できない。こうなったのは格差の下の人を苦しめる政策を連発する小泉改革のせいだ」という持論を展開していた。

それを聞いていて……僕は、頭を抱えてしまった。

番組では一応、大人な態度をとっていたけれど。

内心は少なからずイライラしていた。

「あんた、全然ダメだよ！　なってなさすぎる！　政府がどうかしてくれる以前の問題でしょう！」

と。彼はどうして、手取り10万程度の収入で、３人目の子どもをつくれると思ったんだろうか？

自分は日本の出生率を上げただの、家族がたくさん欲しい結果だの、反論はあるだろう。でも、そんなのは屁理屈だ。今よりもっと苦しくなるのがわかっているのに、なぜわざわざ家族を増やすリスクを背負うんだ？

件《くだん》のタクシードライバーは、格差社会を容認している国に問題があるという主張の一点張りだった。そこにも僕は、怒りを覚えた。

政策の是非を問う以前に、彼は職業人としての努力を何もしていないようだった。

もちろん、タクシー運転手は、みんなダメだと言いたいわけではない。

ただ、ほぼ毎日タクシーを利用する僕が、「もう一度この人の車に乗りたい」と思ったことが滅多にないのは、どうしてだろう？

なかでもカーナビの使い方が下手なドライバーが、いちばん最悪だ。「ちょっと別ルートで調べます」と、ｉＰｈｏｎｅなどを取り出すような人に、僕は一度も出会ったことがない。

タクシー運転手が道を素早く調べるのは、目的地に乗客をよりスピーディーに届ける、最低限のスキルだと思うのだが……。

そして君も、こうした機器の取り扱いに苦手意識があるようだ。

だが、ＰＣをはじめ、近年の技術革新は、機器の操作性をよりシンプルに、より誰でも扱えるようにすることに主眼が置かれてきた。

その最たる例がアップル社の製品であり、ｉＰｈｏｎｅだ。コスト面も分割で買えば初期投資はゼロ。有料アプリを購入しても1回の支払いで済むから、ｉモードの有料サービスよりランニングコストも断然、安い。

「ＩＴ音痴」というのは、もう言い訳にならない時代だ。

君の対極にいた人として、僕はある名前を挙げたい。

先日、ガンで亡くなった芸能レポーターの梨元勝さんだ。

生前、僕は何度となく仕事をする機会があったが、彼は最新のＩＴを駆使してビジネスを展開していた。

入院してからも、病院の許可を得て携帯電話とＰＣを持ち込み、ツイッターで自身の病状をレポート。さらには、タレントの記者会見現場と病室をＵｓｔｒｅａｍで結び、遠隔で取材する、なんていうことまで本気でやろうとしていた。

65歳の抗ガン剤治療を受ける身で、だ。

30歳で健康体の君が、一体、何の言い訳ができるのだろうか。

すぐに実践できる営業成績を上げる方法

再び、都内のタクシー運転手に聞いてみよう。

売り上げをとる確実な方法は何ですか？ と。

多くのタクシー運転手は、成田や羽田空港の車列に並ぶことだと答えるだろう。

なるほど。そこに待っていたら、長距離の客をつかまえられる可能性はある。

しかし――。非効率すぎないだろうか？

下手したら3時間ぐらい客待ちをすることになる。結局つかまえた客が近距離だったりして、大損するリスクもあるわけだ。そういうのに当たって、「チッ」と舌打ちしたりすることもあるだろう。タクシー運転手の舌打ちは、絶対にいけない。わざわざ自分から将来のチャンスを捨て去る行為だ。不快な思いをした客は、運転手の名前を覚えているだろうし、二度とその会社のタクシーは使わないかもしれない。同僚たちにも迷惑をかけているし、何重にも首を絞めることになる。

タクシー運転手の正しい努力は、待つことではない。

まずは最低限、カーナビを完璧に使いこなせるよう勉強する。都心の道を調べ上げて、上客の乗ってくる場所や店をデータにしておく。いいお客さんが来た時、「次回もお願いします」とティッシュのひとつでも渡して、営業する。ニュースをまめにチェックして、車内の話題を途切れさせない。

今すぐにできることばかりだ。たったこれだけで絶対に売り上げは1・5倍にはなるだろう。

そんな簡単なことをせずに、なぜ何時間も空港で客を待っていられる？

どれほど無駄な時間を、狭い車内で浪費するつもりなんだ？

おそらく幼い頃から我慢して耐えるのが良いとされる教育、ひいては幸運が降ってくるのを待つ人生に、馴らされたせいだろう。

苦労は成功への道ではない

待つのが好きなタイプの人は、決まって僕にこう質問してくる。

「堀江さんのように成功できるポイントを3つ教えてください」と。「もし3つ以上あるなら、重要なものから教えてください」とも言う。

どうやら魔法の言葉を求めているようだ。

聞いた途端、パァッと思考が開ける、託宣を期待している。

そんな言葉、本当はないわけじゃないけれど……。

おそらく言葉を授けたところで、こうした人には、理解できないだろう。

魔法の言葉を欲しがる前に。

耐えること、苦労することが成功への道だという固定観念を解くべきだ。

誰に言われたことか知らないが、つまらない苦労や忍耐が折り重なって、身動きを縛っているような気がしてならない。忍耐がモラルだとされる時代は、もうとっくの昔に終わっているのだ。

魔法の言葉は、存在する。

でも、その言葉がきちんと届くような人には、最初から必要ない。

矛盾した言い方かもしれないけれど。

こうした人に魔法の言葉を与えても、効果は発揮されないと思う。

ユニクロでもいいからパンツは自分で選べ！

子どもができてしまった以外の理由で、男が結婚に踏み切る理由が、僕にはよくわからない。その女性を愛しているからとか、こんなにいい人とは巡り合えないとか、もっともらしい理由はあるだろうけれど。

今よりも素晴らしい女性に出会える可能性は、絶対にゼロにはならない。出会いは無限にあるのに、子どもがいないのに、どうして婚姻届を出したんだろう？今持っている大事なもの、つまり、婚約者を手放すのは、リスキーな賭けだと思っているのかもしれない。しかし、その発想こそリスキーだ。

人生に無限にある快楽と幸福のチャンスを、自ら失っている。

昔、『クイズミリオネア』に出演した時、僕は最終段階まで進んで、1000万円を獲っている。頭がいいとか運がいいとか、そういうレベルの話ではない。他の挑戦者たちの中には、「ここらへんにしておこう」と、途中で自分から降りる者もいるらしい。その思考回路が僕にはまったくわからないのだが……番組出演でもらう1000万なんて、あぶく銭だろう。没収されたって、別に困らないはず。だったら番組を盛り上げるために、失敗するかもしれない限界まで、チャレンジを続けるべきじゃないだろうか。

僕は賭けにも、恋愛にも、常に限界はないと思っている。

「ここを逃したら後はない」という発想は、もっと先にあるはずの限界を、自ら近くに引き寄せてしまっているのだ。

一方で、僕は結婚そのものを否定するつもりはない。

もしも本当に好きになった人が現れたというのなら、勝手に結婚すればいいし、頑張って相手を幸せにしてあげたらいいんじゃないかと思う。

だけど、ひとつだけ。

できれば、結婚後も女の子とは遊び続けてほしい。

深入りするかどうかは別にして、ちゃんと浮気をしないとダメだ。

女の子との恋愛には、服装とか美味しいお店を選ぶ試行錯誤が必要。もし結婚したというのが理由で恋愛をやめれば「好きな人に振り向いてもらう」という、あの手この手の思考が停止してしまうのだ。

モテる必要がない、という考え方はマズい。

君たちが最も忌み嫌う、オヤジへの第一歩だ。

モテる気を失うと、仕事着は1万円の吊るしのスーツでいいやと思ってしまう。安いスーツほど、つまらない服はない。無個性だし、どういうわけか着ている人のやる気を急速にしぼませる。太っていてもそれなりに見栄えが良くなってしまい、腹をひっこめる努力をやめさせる。家ではジャージ姿になって。髪型は10分1000円のクイックカットで済ませて。財布の中身を小遣い制にされれば、昼食は500円の高カロリーな弁当ばかり。さらに太って、運動もしなくなり……モテるどころか、妻にもバカにされる始末。もう目も当てられない人は、周りにも多くいるだろう。

オヤジ化は、思考停止した瞬間から始まる。

思考停止すると、身動きを縛っているモラルの危険性が、判断できなくなる。

モラルに身を委ねれば、本来得られるはずの幸福は遠くへ去ってゆくのだ。

充分な準備もなく結婚すれば雪崩式に、そのような負の連鎖が始まることを忘れてはならない。

でも、派遣社員のような不安定な環境で、いきなりモテる気を奮い立たせるのは(そんな場合じゃないだろうし)、難しいかもしれない。

せめて、ひとつだけ。

パンツは自分で買え。

2枚1000円で売っている、ユニクロのパンツでもいい。自分の身に着けるものを、自分の感性で選ぶという思考の機会を失ってはいけない。

ドン・キホーテに行けば、D&Gやアルマーニといった名だたる高級ブランドのパンツだって3000円程度で手に入る。君の収入からすれば、贅沢品に該当するだろうが、高級ブランドを身に着けることで、意識は確実に変わるだろう。たった3000円の投資効率としては悪くない。

もし自分でパンツを選びだしたら、妻に浮気を疑われるかもしれない。それはそれで結構だ。上手な言い訳を繰り出す、妻との丁々発止は、止まってしまっていた思考を巡らせる。

肥満防止のために、弁当をつくるのも手だろう。いまどき料理が不得意なんて、あり得ない。野菜を切って、コンロを使って、調味料をふる。たったこれぐらいの手間を惜しんでいる人に、幸福な人生がやってくるわけがない。

結婚後の恋愛に、ルックスの維持に、パンツの購入。

君は、これらすべてを「面倒臭い」と片づけてしまうかもしれない。

もしそうなら、残念だ。

「面倒臭い」は、思考停止をした人間の、自覚のない敗北宣言だ。

面倒臭がり屋に、アドバイスできることは何もない。

金がないとか、モテたいんですとか、そういう悩みには親身になれるけれど。思考を止めた人に、僕は何の興味もないし、関わりたくもない。

思考停止した人へのケア方法は、残念ながら皆無だからだ。

Case 6

マイナス感情の克服

正直、接客業は
向いていないと思う

昔から人前で話すのが
極端に苦手だった

同僚とも打ち解けられない

リアクション上手な
芸人がうらやましい

現在の担当はクレーム担当…
精神的にキツイ

近々、仕事は
辞めようと
思っている

財布をなくしたり、
うっかりミスを
なんとかしたい

折れない心がほしい

百貨店契約社員／28歳／1ヶ月前に店舗スタッフから顧客電話窓口
年収400万円／貯蓄50万円／30万円のリボ払いローン
住居・都内の1Kアパート／賃貸料月額8万円
県立高校卒／独身・彼女なし／転職経験は3回

あがり性はただの心配性だ

人前では緊張するんです、という君の気持ちが僕にはわからない。

僕はどこでも、緊張したことがないからだ。

昔からずっとそう。テレビに出る時も講演に呼ばれた時も、ドキドキしてうまく話せなくなった経験がない。だから、あがるという感覚が理解できないのだ。

たくさんの人に囲まれると緊張するというけれど、じゃあどうして渋谷駅や新宿駅で、人は緊張しないいんだ?

大勢から視線を向けられるのが、怖いということだろうか。だとしたら、よけいにわからない。

視線で怪我することはあるか?

人前で恥ずかしい思いをしたって、死ぬわけじゃないだろう。

あがり性の人は、心配性なんだ。

僕は人生、経営、恋愛——。すべてにおいて、まったく心配しない。

「失敗したらどうしよう」「他人にバカにされたら嫌だ」「否定されるのが怖い」とか、マイナスの思考をできるだけ排除する。悪いことは想像しても意味はない。

僕にとって最も恐ろしいのは死だ。

それ以外に怖いことなんて、何もない。

死ぬことを考えたら、大勢の人に笑われるのなんて平気じゃないか？

僕は死が怖い。死の恐怖から逃れるために、思考で頭を満たしている。

これは、仏教でいうところの瞑想修行のひとつらしい。

何かを考えていると、恐怖は自然と去っていく。

ブログでもツイッターでもいい。一瞬の隙もなく、何かを思考・発信していれば、緊張なんてしている余裕はない。

事前準備を怠らなければ緊張しない

僕もさすがに、大学受験の時は多少の緊張感があった。本番に強い方なので、それほど気にもならなかったが。

前夜はよく眠る。事前にトイレに行っておく。便意をもよおすと嫌だから、朝飯は抜いておく。

それだけで充分、成果を発揮できた。僕にとっては、パフォーマンスを落とさないための大事な作業のひとつだ。

緊張するとか、あがり性だという人は、自分の能力を最大限に活かす努力をしていないんじゃないだろうか。くよくよ悩む前の、当たり前の準備が足りない気がする。

アドリブに強い人がうらやましいと言うけれど、その人がどれだけ日常的にトレーニングを積んでいるか、知らないだろう。自分の努力不足を棚に上げて、他人のいいところばかり妬んでいたら、何ひとつ進歩しない。

目的へ向かう邪魔をするマイナスの感情を、自らの努力で克服する。

当然のことではないか?

本来、緊張して身が縮こまるという反応は、人間にはインプットされていないと思う。そんなものがあったら狩猟時代、野生生物たちに囲まれた環境で、生き残れたはずがない。

あがり性が治らないという人は、人前でいい思いをしたことがないのだろう。たくさんの人から喝采を浴びるとか、「よくやった!」と褒められる経験を一度でもしたら、緊張なんてとっくに吹き飛んでいる。

充分な資料を揃えるとか、必要なデータを調査するとか、発表のイメージトレーニングとか、事前の努力が足りなかったのだと考えてほしい。

ヒューマンエラーを前提にして対処策を考える

クレーム対応は僕もやっていた時期がある。ライブドアの初期の頃は、さまざまなクレーム処理に時間を割かれたものだ。

僕の場合は、ただひたすら「申し訳ありません。ごめんなさい」と謝るだけ。それ以外にお詫びの気持ちを示す方法はないだろう。

ただ、再発防止策を立てて、それをきちんと説明する努力をした。

例えばサーバーのデータが全部消えるトラブルが発生した時は、その手順をイチから調べ上げて、ミスが二度と起こらないシステムに組み直した。

ビジネスにおいて、根本的にトラブルやミスをゼロにするのは困難だけど、再発防止策を立てることで、最小限に減らすことはできる。それが本当のクレーム処理ではないだろうか。

失敗や苦労は、若い時は買ってでもしろと言うけれど、僕は違うと思う。苦労を買うより、ミスを防止する思考力を育てる方が、若い人には大事だ。

残念ながら、トラブルやミスはなくならない。

なぜなら、ヒューマンエラーは必ず起きるからだ。ヒューマンエラーをゼロにするより、ヒューマンエラーを前提にしたトラブル回避システムを作る方が、効率はいい。

それは、個人レベルでもできる。僕の場合、思いついた大事なことはすべて携帯電話にメモをする。「覚えているから大丈夫」とは絶対に考えない。

旅行に行くときに、カバンを3つ持って行くとしたら、僕は3つともに、歯ブラシとデンタルフロスを入れておく。そうすれば万一、ロストバゲージなどでバックがなくなっても、しっかり歯のケアができる。小さなことだけど、僕のように歯を磨かないと一日が終わった気がしない人には当然の予防策だ。

なくすのが嫌だから、財布は持たない。マネークリップで済ませている。普段のカバンは必ず、肩から掛けるタイプを使う。携帯電話は常に触っているから、どこかに忘れるということがない。万が一タクシーに置き忘れても、手にないとすぐに、あっ！と気づくから大丈夫。大事なものは常に触っておく習慣をつけるのも、予防策のひとつだ。

僕の場合、緊張はしないけれど、ミスは必ずどこかでおかすと考えている。

自分はミスらないという考えは危険だ。必要な準備と予防策を怠ってしまう。

人はミスをする生き物なんだ。

だから、ミスによるクレームは、なくなることはない。

顧客からのクレームは気が重くなるけれど、予防策を練る機会をもらえたと、前向きにとらえればいいのだ。

32歳の君へ

情報弱者が
時代から
ふるい落とされる。

Case 7

クリエイティビティとは

アイディアの出し方にコツはあるのか？

専門外のネット業務に不安は残る

斬新な販売スキームを組み立てたい

スティーヴ・ジョブズに憧れる

外回りの営業も継続中

営業成績を上げるテクニックは？

自社の製品を1つでも多く売りたい

プレゼンスキルに磨きをかけたい

思慮深く、慎重な性格だと思う

専門商社正社員／31歳／ネット事業部の主任
年収650万円／貯蓄200万円
住居・都心1LDKマンション／賃貸料月額11万円
都内私立大学卒／独身／交際5年の恋人がいる
入社以来営業畑。発足したばかりのネット事業の責任者に抜擢

アイディアよりも価値のある実行力

ネットを基幹にした事業を起こそうとしている、今の若い世代が羨ましい。

ひと昔前とは接続スピードが段違いだし、通信費やサーバー維持費も圧倒的に安い。市場も大きいし、チャンスがいくらでもある。ネット事業は、起業しやすさでは一番だろう。

僕が起業した時、ネット市場は皆無に近かった。営業しようにも、お客さんがいない。仕事を得るよりも、まずお客さんを探し出すところから始まったので、なかなか苦労はしたものだ。

もちろん、ウェブサイト作成が特別なスキルだと思われていた時代に、僕のビジネスは割と早い段階で、軌道に乗り出した。

さすがに、今はサイトをつくれる程度で仕事にはならないけれど、当時と比較して競争が激化したとは思わない。

むしろ、ここ数年で緩くなってきているのではないだろうか。

ネット事業は市場が広がる一方なので、お客さんも多様化している。PCスキルにそんなに自信がなくても、成功の可能性は充分にある。

そもそもプログラミングを、難しく思っているのが間違いだ。

あんなのは誰でもできる。ちっとも難解じゃない。難しいと思い込んで、始めないだけだ。パソコンを買ってきて、インターネット回線を繋ぐぐらいの知識とカンがあれば、誰でもプログラミングぐらいできる。それを最先端のものまで高めていけるかどうかは別問題だが、最低限の仕組みを理解しておくのは大切だろう。

ネット事業はいいことだらけだ。金もかからないし人手もいらない。飲食店などと違って、季節ごとに収益が変わったりしない。交際費も不要だし、飛行機代のかかる出張なしで、世界とも繋がれる。今後も発展し続けるであろう国内最大の成長産業だ。

一方で、これだけネットが普及するとアイディアに価値はない。

組織内では、アイディアを出す人がやけに褒められる傾向があるが、どうしてだろう？

これだけ情報が無尽蔵に入ってくる時代、アイディアなんてそこらじゅうに転がっている。転がっているものを拾ってきて、なぜ重宝されるのか？

本当の意味で斬新なアイディアは、もう出てこない。「これは誰も考えたことのないアイディアだ！」と思い込んでも、ちょっと調べれば、絶対に誰かが先に手を付けている。新規ビジネスでは、アイディアが最も大事だと思われているようだが、それは違う。先人たちが苦労してやってきたことを、組み合わせて形にまとめることしかできないと、まず気づいてほしい。

アイディアよりも圧倒的に大事なのは実行力だ。

思いつきより、考えたことを努力して、形にした人が本当に評価されるのだ。

この国では、最初の一歩を踏み出した人が賞賛される向きがあるけど、本当の未来を切り拓くのは、アイディアを体系化できる能力を持った人だろう。

いいアイディアが思いつかないから、次の一歩を躊躇する。

これが一番、ダメだ。スピードが落ちる。

スピードが落ちるということは、人生を後ろへ巻き戻すことに等しい。

適切な言い方ではないかもしれないが、起業はスピーディーなバカほど成功するのだ。バカは頭が良くないから躊躇しない、というか躊躇という概念がきっぱりない。

会社を立ち上げて、まあまあうまく回せている起業家を見てほしい。いい意味で、けっこうバカな人が多いだろう?

バカは全力ダッシュのまま、ハードルを越えられる。ハードルを倒したときの怪我とか怖さを知らないから、ためらったりしないのだ。

躊躇する人の大半は、「そこそこ」できる人たちだ。

何でもこなせて、頭がいいから、失敗したときの悲惨な未来も予測できてしまう。

ひと言で言うと、小利巧なんだ。

ビジネスでは、この小利巧な人がいちばん損をしている。

理解力も学歴もあるけれど、ためらうから突き抜けられない。

突破したければ、ある程度はバカになるのも必要だ。

大丈夫。ちょっとぐらいバカでも、頭のいいヤツを雇えば、事業はうまくいく。

情報を持っていれば未来を見通せる

若いビジネスマンの中には、スティーヴ・ジョブズを尊敬するあまり、そのプレゼンテーション技術をマネようとしている人もいるが、これは失笑ものだ。ジョブズはいわばプレゼンの世界ランキング1位で、競技会が行われればぶっちぎりの金メダリストだ。素人がマネできるレベルの人物ではないし、参考の対象にならないだろう。

一般的なビジネスマンレベルのプレゼンに、コツも技術もない。

ただ一点のみ、「僕はできます！」と言い続ければいいだろう。

出どころはよくわからないけど強い自信を持っている者に、人は不思議と信頼を寄せてしまうものだ。

あと、技術の話を並べるのもいい。自分で理解していなくても結構だ。

プレゼンの場で質問をしてくる側に、技術のことをわかっている人間なんて、ほとんどいない。もし本当に突っ込まれたら、後でこっそり調べるか、詳しい者に手伝わせればいいんだ。そもそもプレゼンの場で求められるのは、技術や方法ではなく、「こいつにやらせてもいいだろう」という安心感だ。

「自分はできる！」という力を、自分の言葉で後押ししてみよう。

それでも単純にプレゼンに変化をつけたいのであれば、プレゼンのソフトとして、相変わらずスタンダードなパワーポイントを使うのはやめるべきだろう。

誰もが使っているものではアピールにならない。僕はジョブズを絶対視はしないが、彼が自分のプレゼンテーション用に作ったアップルのキーノートはお勧めしている。

単純な理由だ。パワーポイントより、ずっとユーザインターフェイスも使いやすいし、何よりも大きなメリットは、現時点ではパワポより新しいことだ。

キーノートとｉＰａｄでプレゼンすれば、それだけで相手の記憶に残る。一歩のリードとしては大きいし、最新のガジェットを使いこなせる人物という印象も与えられる。

こうしたメリットを享受できるのも、この組み合わせが新鮮な、あと1年ぐらいのことだ。ならば、すぐにそれを試さないのはロス以外の何ものでもない。

どうして、大半のサラリーマンは、いまだにパワーポイントを使っているんだろうか？

会社のＰＣにインストールされていないとか、規格で決まっているとか、言い訳はいくらでもつけるのだろうが、根本的に「知らない」だけなんだろう。

「堀江が勧めるから、ちょっと使ってみよう」と思う人は、まだマシだけど。それでも面倒臭いとか、使い慣れたソフトからシフトするのが嫌だとかで、興味すら示さない人も大勢いる。ちょっとでも触ってみればいいのに……。

知らない。面倒臭い。やり方を変えたくない。

こういう人たちを、僕は「情報弱者」と呼ぶ。

例えば、ジェームズ・キャメロンの３Ｄ作品『アバター』を観た人と、観なかった人では、映像体験に大きな差が生じる。僕はあれを３Ｄで観た時、革命的な体験をしたと心から思えた。映画というものに対する概念が、２Ｄ作品だけしか観ていない時代から飛躍的に進歩した。でも、観ていない人に、どれだけの差があるのかを説明するのは難しい。試しに『アバター』を３Ｄで観た人と観ていない人を、映像の未来について議論させてみるといい。まったくかみ合わないはずだ。

つまり、それが、新しい情報を知っている人と、知らない人との差だ。いま君たちに最も必要なのは、資金でも人脈でもない。

情報だ。情報を所持するということは、未来を見ることだ。

僕は10年前から情報を人よりも多く所持するために、あらゆる手を尽くしていた。10年前には現在の電子書籍市場の活況を言い当てていた。すごいですね！と驚かれることもあるけど、僕には当然のことだった。情報を知っているから、ある程度の未来を見通すことができる。だから失敗のリスクを最小限に減らせて、会社を大きく成長させられた。投資の面でも情報があるから、最適な投資ができた。

後追いで動いている人は、損をして当たり前だ。

小さいことだけど、テレビ1台買うにしてもそうだ。ビックカメラで買うより、近所の商店の閉店セールが、サービスポイントを差し引きしても、トータル1万円安かったりすることもある。通勤や散歩の途中に、ほんの少しだけでも注意を払っていれば閉店セールに気づいただろうし、新聞を取っているなら、折り込みチラシも入っていたはずだ。あるいは、ビックカメラに行くことを決める前に、せめて「価格.com」くらいは調べたのだろうか。

これらの情報は、すべて「発信されている」情報だ。限られた人間だけが触れられるものじゃない。誰だって均等にアクセスする機会が与えられている。

なぜ、これを見逃すのか。

僕の本を買うときも、「書店を5軒探してまわったけど売り切れていて、6軒目で買いました」と報告してくれる読者がいる。買ってくれたという事実はとてもありがたいことだが、その行動は理解できない。〝指名買い〟ならアマゾンで注文すれば即日発送してくれるものを、なぜわざわざ何軒もの書店巡りをしたのか？　その時間で、どれだけの仕事をこなして稼げただろう。

情報を知らないこと、無駄を踏むことを、カッコいいと思っている人もいる。

「俺は流行なんかに振り回されない！」「無駄なことにも発見はあるんだ！」とか……頭が痛くなってくる。

まあ、本気で言っているわけじゃないだろう。

きっと、本当に面白いことを知らないだけなのだ。

情報弱者のかわいそうな点は、自分がどれほど損をしているのか、気づかないことだ。

『アバター』を3Dで観なかった人は、座席シートに座ったまま、未知なる空間を浮遊する爽快な体験を知らないわけだ。それは、たとえこれまで何千本もの映画を観てきた映画通だって同じことだ。小さなプライドを守るため、時代の転換点を〝敢えて〟見逃す者に、決して未来は来ない。

仕事を広げる「ひと言営業」

情報を多く持っていれば、さまざまな場面で主導権を握ることができる。

僕は、ある程度大切な仕事で、初対面の人と会う場合、相手の名前が事前にわかっていれば、必ず事前にグーグルで検索することにしている。それはウィキペディアに載っているような著名人だけでなく、一般企業の勤め人相手だってそうだ。

このネット時代、メディアは著名人のものだけではなくなった。ごく普通の人物が、意外なところで活躍していたり、逆に悪評が立っていたりする。5分もかからない作業である。たったそれだけの事前情報で、会話はずいぶん楽しく弾むし、深入りするとまずい人物に対するリスク回避にもなる。

情報は、忘れることもある。人と話していて、知らない単語が出てきたときのピンチは誰にでも経験があるだろう。そんなときは、ちょっとトイレに立つか、メールをチェックするふりでもして、携帯電話で調べればいい。それぐらいの非礼は、トンチンカンに話を合わせたり、相手から無知なヤツと呆れられるより、数倍マシだ。何もすべて記憶に留めておく必要はない。情報をストックしておけるメディアを、自分の脳の代わりに用いればいいだけだ。

情報を得ろ。無知でいるな。

無知の者は、宝くじを買って大金持ちの夢を見たりする。あれほどバカげた行為はない。人によっては何百枚も購入するらしいけど、ドブに捨てるのと同じだ。宝くじにかける金は、無知への税金だと考えた方がいい。

無知の極みに、飛び込み営業がある。

あれは宝くじを買うのと同じだ。数を回って、いいお客さんに当たればOKなんて非効率すぎる。どうもその非効率が、一般社会では依然としてよしとされているので、イラだたしいのだが……。

じゃあ、どうやって仕事の幅を広げればいいのか。

ひと言、仕事先に「お客さんを紹介してください」と言えばいい。

ちゃんと真面目に仕事をして実績を残しても、自然と人脈が広がるわけではない。かつてはそんな恵まれた時代があったかもしれないけど、今はどの会社も余裕がない。思いつきで他人のチャンスを広げる手伝いをしてくれる人は、よっぽどの善人だろう。

幅広い仕事を欲している、という意思を発信している人に、人は情報を集めてくれる。「お客さんが欲しい」という言葉は、意外と効果的だ。一定水準の実績を上げるよりも、人の記憶に残る。

なぜなら一般社会では、それは、恥ずかしいひと言だとされているからだ。

仕事先に、「別の客が欲しい」と、頼むなんてと。

だけど仕事はちゃんとやっているのだから、誰の不利益にもならない。堂々と「お客さんを探しています！」と言えばいい。

僕は、そうやってきた。

たったひと言の営業だ。

それだけで、億単位の仕事をくれるお客さんと、たくさん巡り合えた。

どうも、そこそこできる人とか、職人タイプの人は、そのひと言が言えないらしいけど。

一度、勇気を出して言ってみたらいい。

必ず、今までなかったお客さんと出会える機会が訪れるだろう。

商品を売るにはクリエイティビティが大事

ビジネス書には、しばしばこう書いてある。

「相手の気持ちを考えてプレゼンしろ」「顧客の思考を読め！」などと。

抽象的すぎるな。そもそも、それができたら誰も苦労はしないだろう。

君は営業先やプレゼン相手の、頭の中を知る必要はない。

まず情報をたくさん所持するべきだ。それが自分の仕事スタイルを確立する第一歩だ。

営業を任されている人に、すぐ売れる方法をひとつ、教えよう。

自分より、情報感度が鈍い人を探して売りつければいい。

言い方は悪いが、情報を持つ者が、持たない者にものを売るほど楽なことはない。世の中のヒット商品はたいてい、この構図で売れている
モノではないが、「モバゲータウン」などは、その典型だろう。

モバゲーユーザーにビジネスマンは少なく、メインは中高生や、ホスト、キャバクラ嬢など情報リテラシーが高くない層だ。彼らは時間が貴重だという認識が薄い。ただ、余った時間を手軽につぶせる方法を常に探している。そこに「恋してキャバ嬢」のようなソーシャル

ゲームが、見事に滑り込んだ。

仮想通貨を用いたアフェリエイト広告や有料アバターの販売と、そのビジネスモデルは多岐にわたるが、いわば、情報弱者からの搾取の構造に拠《よ》っている。今やこれが、経常利益500億円を叩き出す巨大ビジネスとなった。

ただし、工夫はしろ。それが、君の最低限の誠意だ。

お客さんに喜んで買ってもらうために、あらゆる情報を使って、商品を魅力的に見えるように整えるのだ。

僕も自分のブログやメルマガでは、少しでも面白く読んでもらうために、誰も知らない情報を混ぜてみたり、ダイエットの状態や過去の女性体験なんかも、隠さずに語っている。

自分の商品を、工夫もなしに盲目的に売ってはいけない。

もしそれを会社から求められているのなら、そんな仕事はすぐ辞めろ。工夫を許されない場で働く価値は何もない。

営業は、会社の中で最もクリエイティビティを発揮できる仕事だ。

創造性を加えるか加えないかで、成績にも信用にも大きな差が出る。

まず必要なのは、情報だ。より多くの情報が、君の豊かなクリエイティビティを支える。

Case 8

人脈とスキル

勤続5年、
そろそろ役付き
になりそう

今後は顧客の
接待も増えそうだ

相手を気持ちよくさせるノウハウは？

人脈をもっと広げたい

生き残るためにも
資格は武器になる

異業種交流会って
意味あるのか？

グローバル社会で
英語は必須

転職に役立つ
スキルって何だろう？

中堅ゼネコン正社員／33歳／法人営業担当
年収550万円／貯蓄800万円
住居・都下2DKマンション／賃貸料月額12万円
地方商業大学卒／妻と娘の3人暮らし／同業他社からの転職組
資格／情報処理、土木施工管理技士、作業環境測定士ほか多数

交際費ゼロの仕事は素晴らしい

僕は接待を受けることはあっても、自分で接待をしようとは思わない。

自分が飲みに行きたいだけで、人を誘うことはある。

会社のオヤジも、ほとんどがそうじゃないか？　仕事にかこつけて、会社の金で飲み食いしたいだけだ。

僕は仕事相手と飲むときだって、必ず自分の財布を使う。

ライブドア時代、会社で認める接待費はゼロだった。能力に応じた給料はあげているはずなんだから、外で飲むときは自腹で行きなさいと。それで特に困ったことも、不満を言われたこともなかった。接待費なんかなくても、仕事は充分に回せる。

別にポリシーがあったわけではない。当然のことじゃないか？　自分が楽しくご飯を食べたいだけなのに、どうして会社のお金を使う必要があるんだ？

交際費ゼロの生活は、気持ちが清潔になる。余分なしがらみや邪念が消えて、仕事に集中できる。領収書をちまちま集める必要もない。いいことだらけだ。

接待について悩んでいるのなら、すぐやめてしまえばいい。

接待には、する方もされる方にも、得るものはない。

もっと言うと、つきあいに接待が必要な相手なんて、たいした仕事を持ってこないだろう。

自分の知らない仕事にビジネスチャンスはない

異業種交流会の参加を検討しているようだが……なぜだろう？

行く必要をまったく感じない。

自分の仕事と関係のない世界の人たちと会って、何を得られるんだ？

ビジネスチャンスをより広げられる場となる、などと、もっともらしいことを言う人もいるが。ビジネスチャンスがそもそも存在しないから、異業種なんじゃないか？

僕はしばしばこうした交流会のゲスト講師として呼ばれる。そこで堂々と「こんなところに来ている人の気持ちがわからない」と語って、会場をドン引きさせることがあるけれど、悪びれるつもりはない。嘘偽りのない本心だからだ。

自分の知らない世界の人たちと交わって、ビジネスチャンスを広げたいなら、ブログやツイッターの方がよっぽど効果的だ。

異業種交流会は、僕に言わせればただの名刺収集会だ。名刺を集めるのが喜びだという奇特な人は（本当に実在するらしい）別にいいだろうけど、本気でビジネスを広げたいと考えている人には、行くだけ時間の無駄だ。

主催する側は、うま味があるかもしれない。お金も集まるし、資金を持っている筋とも多少のつながりが持てる。異業種交流会と関わるなら、せめて仕切る側に回りたいものだ。

こうした交流会にたびたび参加しているような人は、顔を売るのが目的という人が多いようだ。政治の世界とどこか似ている。顔を覚えてもらったら、何かいいことがあると考えているらしい。

……くだらないなと思う。

まっとうなビジネスマンなら、売るのは顔じゃなく仕事だろう？

数々の異業種交流会に招かれた僕が断言する。

あんなところに出入りする人間に、未来をつかむ才能を持った人間はゼロだ。

英語なんて「その程度」のもの

大人になってから、外国の言語を学ぼうという意識自体は、決して悪いものではない。

けれど、ビジネスに役立てたいというつもりなら、疑問だ。

いまだに日本社会では、英語を話せる人が重宝される傾向があるけれど、どうなんだろう。外資系企業ならいざしらず、日本企業に勤めていて、特に海外事業と縁がないポジションなら、よっぽど完璧な日本語を使える方が大事じゃないだろうか。

僕は日常の英会話ぐらいなら問題ないけれど、海外企業とのビジネスの場では、必ず通訳を雇っている。それで何の不便も感じない。英語が使える人なんて、いくらでもいるし、英語をアドバンテージだと感じているなら、むしろオヤジ化が始まっている証拠と、考えを改めた方がいい。

そもそも、海外企業の一線級のビジネスマンは、日本人にパーフェクトな英語スキルを求めてなんかいない。お金を生むビジネスの才能を持っている人間と組みたいわけで、直接会話できるかどうかなんて、どうだっていいのだ。

30代になってからの脳で、未知の語学を学ぶのは、思考を巡らせるという意味では有用だが、実績を得ることを考えれば、学生時代の数倍の労力と費用を要求する。

それでも、どうしても将来の不安に備えたいというのなら、外国人の恋人でもつくってみたらどうだろう？

英語ならば、母国の公用語が英語であるフィリピン女性とか、中国語なら中国から来日している留学生だ。ことさら説明するまでもないが、日本に住んでいて、彼女たちと出会うチャンスは無数に存在する。

男にとって、下心に起因するモチベーションは、不安から来るものよりも強力だということは、君も知っているはず。気を惹きたいがため、彼女の母国語でのコミュニケーションが、君にとって差し迫った課題となる。

社会人の語学習得には、この「差し迫った」状況が必要だろう。

先日、楽天が社内公用語を英語化し、2年後に英語ができない執行役員を全員解雇するとして、話題になった。世論では、ちょっとした失笑を誘っている雰囲気もあるけれど、その失笑は、僕には理解できない。

実現性はさておき、楽天はグローバル企業を目指しているのだから、社員が英語を使うのは当たり前じゃないか。

企業としての目的をスピーディーに達成するのに、当たり前の方法を選んだだけで、外の人間がとやかく言うことじゃないし、英語を学びたくない社員がいたとしたら、楽天を辞めればいいだけのことだ。

楽天の決定に外部が批判的になることは、逆に日本人が英語を特別なスキルとしてとらえていることの表れだろう。

外国語のマスターを、スキルだと考えるのは、大きな間違いだ。

僕からすれば英語なんて、ニューヨークのクラブなんかで、日本人に妙に興味のある現地の女の子をナンパするのに役立つぐらいの、その程度のものだと思う。

帰国子女など、海外暮らしが長ければ、別に勉強したわけでもないのに、英語がパーフェクトだったりする。今から君が目の前の仕事そっちのけで勉強したって、彼らに追いつけるはずもない。

英語を使えるか否かは、あるいは体型の違いと似ているかもしれない。

痩せていれば、確かにモテるチャンスは増えるけれど、別にデブであってもモテないわけじゃないし、スマートなだけの男は、世の中に掃いて捨てるほどいる。体質的にダイエットが無理ならば、そのほかの面でモテる努力はできるだろう。その程度のことなんだ。

取っておいて、おいしい資格はこれだ！

ひと昔前は、資格マニアがあちこちにいたが、彼らは今、勤め人としてどうしているのだろうか。

そもそも資格とは、「その世界でしか役に立ちません」という、非常に狭い範囲の就労許可証みたいなものだと僕は思っている。

もちろん、美容師や教員など、資格を取る必要のある仕事なら大事だろう。でも君の業務に必須の資格は、今のところ何もないと思う。

どうして資格が欲しいと思うのかな。履歴書の資格欄に、埋めるものがひとつでも多い方が安心できるからだろうか。

僕が雇う立場だったら、資格欄を埋めているような人は、真っ先に落とす。「こいつは資格を取ることで安心する、資格マニアだ」と思ってしまうし、だいたいその予測は当たっている。

資格を10個以上書いたら、勘のいい人事担当者は、逆にはじいてしまうと覚えておくといい。

できる人は、資格なんて取らなくても食っていける。

ライブドア事件で有罪判決を受けてしまった、僕の公認会計士は、法律上5年ほど会計士登録できなくなった。だけど、現在はコンサルタントビジネスで会計士時代の何倍も稼いでいる。少し前に会ったら、「あんなでっち上げの事件で国に仕事を奪われて、バカバカしくて会計士なんてやってられません」と言っていた。胸のすく転身の成功例だろう。

資格がなくても、稼ぐことは可能だ。

とはいえ、取っておくとおいしい資格は、ないわけじゃない。

行政書士や司法書士など、法律の専門資格だ。

そして、政策秘書を目指すという選択はありだと思う。

国会議員は3人まで国から給与の支払われる公設秘書を雇えるのだが、このうち、政策秘書だけは国家資格が必要。ところが、なかなか資格を持っている人材がおらず、慢性的に不足気味だという。一度雇われれば余程でない限りクビにもならないし、財源は国なので給料が滞ることもない。人員不足な分、議員が落選しても、引く手はある。これは、かなり割のいい仕事ではないだろうか。

政治に関してならば、政策ブレーンという仕事もある。これはさらに条件がいい。

ライバルが少なくて、成長も見込める領域だ。

基本的な業務は法案の作成。国会議員は地元を回ったりと選挙対策で忙しいから、政策を考えるヒマが取れないことも多い。そんな中、野党は政権交代をアピールするのに、新しい法案や政策を、今は外注のブレーンにつくらせていたりする。これが、なかなかの高報酬が支払われているようだ。

政策ブレーンを請け負える会社は今、本当に少なくて、引っぱりだこの状況だという。国家公務員や官僚経験者だったら、なお優遇されるだろう。現状で特別な資格はいらないが、残念ながら誰にでもやれる仕事ではない。しかし、ライバルが少なく、悪くない報酬が見込めるという意味ではかなり狙う価値のある仕事じゃないかと思う。

もちろん、医師免許や弁護士免許は強く、最短ルートで独立開業できる利点があるけれど、今はどちらも簡単には儲からない構造だから、一概にいいとも言えないだろう。社会問題にもなっているが、仕事がなくて食い詰めている弁護士は、たくさんいるのが現実だ。

要は本質的に、資格には寄りかかれないということだ。

資格に頼ると、思考が止まる。

これからの時代は、資格をひとつしか持ってない人より、思考しない人間がふるい落とされるのだ。

Case 9

情報を得ることの意味

アンティーク家具の販売業で起業予定

学生時代からの趣味を仕事にしたい

自己資本と親からの借り入れで

手は足りないが社員は雇うべきか

妻は独立には反対。説得を続けている

独立後の生活、老後に不安は残る

準備は万端に整えた…はず

不安はなかなか消えない

退社前に今の部下を一人前に育てたい

大手飲食チェーン正社員／33歳／本社戦略室課長職
年収800万円／貯蓄1000万円
住居・東京近郊3LDKマンション／30年ローン・月額12万円
都内国立大学卒／妻と2人の子と4人暮らし
近く独立起業を検討中／共働きで世帯年収は1500万円

社員は育てるより切り捨てた方が早い

僕と同年代かちょっと上の世代のビジネスマンは、しばしば部下の育て方に悩んでいる。なるほど、それも仕事のひとつなのかもしれないが……申し訳ないが、僕にはその悩みを共有できない。

僕はライブドア時代、部下を育てようとはまったく考えなかった。

先の章でも述べた通り、僕が会社にほしかったのは、僕の代わりに仕事をしてくれる人だ。部下には作業マニュアルを渡して、その通りに作業させていた。初期の頃はシステム管理や運用も細かくやっていたけれど、それも全部マニュアル化して、誰でもできるように組み直した。部下に対する仕事は、業務を標準化したマニュアルの作成だけ。彼らにノウハウを教えたり、飲みに行ったりは、ほとんどしなかった。

スピーディーな経営には、それが当然だと思う。自分にとって役に立つ人だけを守ればいいわけで、邪魔なのはさっさと切り捨てる。仕事に情をはさむと、向こうも甘えてきて、大切な時間がなくなるのだ。

だいたい有用なスキルを自分で身につけて、役に立つ人材は勝手に辞めていく。若い人に今後を託すようなマネはよした方がいいだろう。気にかけるだけ損だ。若い世代はもう、団塊ジュニアやバブル入社組の連中がやってきたような、古いビジネスにしがみつく気持ちはないはずだ。

会社で育つ人間は勝手に育つし、育たない人間を切る方が実利的だ。

人の感情だけは本当に面倒くさい

ライブドア事件は、側近だと自分では思い込んでいた部下が、検察へ密告したのが発端だ。「堀江が飯に誘ってくれなくなった」とかいう理由らしいけど……本当のところはわからない。いまさら確認するつもりもない。

ただ、部下に対して、もっと情をかけて接していたら、あんなことにはならなかったんだろうなとは思う。そういう意味では、僕はトレードオフに失敗したのかもしれない。

他の企業などを見ていて、人徳を集めている社長は大変な人たらしだ。部下のつまらない話を、うんうんと聞いてあげたり、士気を高めるために飲み会を開いたり、その家族まで気遣ったり。部下の心を撫でるケアが行き届いている。

すごいなぁと、皮肉じゃなく思う。そういう経営も、ありなんだろうなと……。

だけど僕には、やっぱりできそうもない。

嫉妬や人物の好き嫌いなど、単なるマイナスの感情にも左右される社内コミュニケーションに何の意味があるのか、さっぱりわからないからだ。

そもそもどうして、人は悪口が好きなんだろう。

成功している人を妬むのだろう。

もし他人より自分が劣っていると評価されたなら、己の立ち位置を確認する絶好の機会だと思う方が、進歩的なのに。

今となってはさすがに、大人としての社内コミュニケーションの利点も認めざるを得なくなってきた。

けれど、部下が抱えたトラブルを取り除こうというとき。

「まあ、お前の気持ちもわかるけどさ。一回、飲みに行くか?」なんて、あまりにレベルの低い対処法のような気がしてならないのだ。

でもそれが、一般社会では上に立つ人間の正しい姿なんだろうな……。

どんなことも、面倒臭いと思いたくないけれど。

人の感情だけは、本当に面倒臭い。

部下にどれだけ正当な報酬を与えたとしても、感情はコントロールできないのだ。

それは思い知ったので、僕はライブドア事件以降、何事も積極的に自分から説明するようにした。「あなたのイメージしている堀江ではないのですよ。本当の意図はこうなのですよ」と。

人は誤解をする。そこでマイナスの感情を生み出す。すると「ホリエモン」の虚像が巨大化して、僕への敵意が増大していくのだ。

丁寧な説明は、僕にとってはいらない手間ではあるんだけど、仕方ない。ある意味、大事な仕事のひとつだと思って我慢するしかないだろう。

楽しく、ストレスなく仕事するには、独立してひとりでやるのが一番いいのだ。

飽きない仕事のシステムを作るのに尽力している

起業を考えている人を止める理由はない。

家族に考え直したら?と言われたら、そんな邪魔な家族は切り捨ててしまえばいい……けれど、そうもいかないだろう。

子どももいて、そして住宅ローンを組んでしまったのは、正直、痛いと思うが、それは説得しかない。

幸いにして、妻に収入があるようだから、例えば家事とのトレードオフを持ちかけてみるとか。ある意味、妻とのこれまでの信頼関係が試されているのだと考えるべきだ。そして、恋人時代に戻ったと思い、もう一度、妻を口説くしかないだろう。

いずれにせよ、安定した生活を棄ててでも、未知の夢を追う気持ちは応援したい。

そもそも人生でひとつしか仕事をしないのは、時代遅れだ。

職業はたくさん経験した方が、絶対に刺激的だ。

今の僕も、「堀江さんの現職は何ですか?」と訊かれるけど、うまく答えられない。会社も経営しているけど、ロケット事業や作家、コラムニストに評論家にミュージカル出演に……どれも楽しくやっている。シンプルに実業家と呼ばれるけど、しっくりきているわけではない。そう呼びたければどうぞ、ぐらいのものだ。

ひとつの仕事に没頭するより、いろんな体験をできた方が、楽しくはないか?

20代でネット企業を立ち上げた理由も、いろいろな仕事をやれそうだったからだ。実際、開発事業だけでも本当に手広くやっていた。アーティストのホームページ、企業のＩＲサイト、空港の時刻表、小学校の学習システムなど、同時にまったく違うジャンルの仕事を掛け持ちしていた。それが、たまらなく楽しかったのだ。
企業が多方面にわたる事業を手がけるのは、リスク分散にもなる。何よりいろいろ手を出すのは、僕の趣味だったかもしれない。

趣味を仕事にして何が悪い？

僕は、飽きるのが嫌なのだ。だから趣味をたくさん持っていたいのだ。

まったく知らないジャンルの仕事に乗り出すのも、刺激的でいい。

ただ、稼ぎは今より減ることを覚悟した方がいい。そもそも未知のジャンルへの転職・起業ですぐに収入が増えた人は、目立つだけで圧倒的に少数派だ。可能性でいえば、これまで働いてきた業界に勤め続ける方が、確実に収入は伸びるだろう。

でも、それで飽きたら、つまらない人生じゃないか？

趣味を仕事にする。素晴らしいことじゃないか。

僕も、趣味と仕事の境界が限りなく曖昧だ。それは飽きない仕事のシステムを作るのに、尽力しているからだ。

好きなことをやりたいだけやるなら、仕事にすればいい。

もし収入が減ったとしても、月収１００万円でつまらない仕事を続けるのと、好きなことだけやって得られる月30万円とでは、幸福度数がまったく違うだろう。

面接でヤバいヤツは勘でわかる

人材確保の苦労は僕もよくわかる。基本的にライブドア時代、新入社員は僕がすべて面接していたから、けっこうな時間が取られた。

忙しくなると、面接プロセスをまとめて、消去法でいらない人をはじいていく。そして最終面接だけ、僕がやるようにした。

採る条件は、何というか……インスピレーションの部分が大きい。

説明できないけど、「こいつはヤバい」という人間は勘で察知できる。少しでも勘に引っかかった人間は、最終面接でも平気で落としていた。

ある時、本当に多忙で最終面接を人に任せていた時期がある。

その後、交通事故を起こしてしまったり、自殺未遂する社員が何人か現れた。調べたら案の定、僕が面接をしなかった時に採った社員ばかりだった。これはいかんと思って、どんなに多忙でも、新入社員は僕が必ず選ぶようにした。それ以降、ライブドアで変なトラブルを起こす社員は現れなかった。

一方で、面接を控えている人は、だいたい「どうアピールしたらいいでしょう?」と訊いてくる。

残念ながら見せかけでアピールできることは、何もない。企業面接のエキスパートは、数えきれないほど多くの求職者を見ている。だから履歴書には書いてない、「ヤバさ」を察知できる能力がある。下手にその場だけ取り繕っても、すぐに見破られる。

どんな人が採られるか?といえば、答えはシンプルだ。

やる気のある人。

もっと言うなら、やりたいことがはっきりしている人だ。

「何がやりたいのかわからない」というのは、迷っているのではなく、ただの出来が悪い人だ。自分探しは会社ではなく、他の場所で済ませてから来てほしい。

やる気というのは、立派なスキルだ。

その人だけが持っている、特技と言っていい。

やる気のある人は、「ヤバい」何かを寄せつけない。

経験不問という会社ほど、そういうスキルを要求しているのだ。

思考を続けていれば怖いものは何もない

儲かる仕事の大原則は、①元手がゼロ、②定期収入がある、③在庫リスクがない、④利益率がいい、の4つだ。

君が始めるというビジネスなどは、この例にあてはまりそうもないけれど、好きで始めるのだったら、問題はない。多少の苦労はもちろん覚悟の上だろう。

だが先の4つの条件をすべて満たしていたとしても、「事業が軌道に乗るかどうか、わからない」という恐怖は、起業した者なら誰にもあるはずだ。

恐怖を取り払うのは思考しかない。

ビジネスを始めるに当たっての事前情報が足りているか？ 市場の現況、仕入れルート、商品の知識、損益分岐など、徹底的に考え抜いているか？ 自分のキャパシティの中で、いかにして稼ぎを生み出すか、思考に思考を重ねているだろうか？

これ以上、手は尽くせないというところまで準備できているのなら、恐怖感は薄れていくだろう。

24時間、ビジネスのことだけ考えていたらいい。家にも帰らなくていい。家族との時間は削れ。寝るのは寝袋で充分だ。性欲はオナニーで済ませろ。

会社を立ち上げた頃、僕はそういう生活を送っていた。確かに自信はあったけれど、無意識に不安を感じていたから、そうやって思考を埋めていたのかもしれない。

好きなことを仕事にするのだから、何だって犠牲にできるはずだ。

常に思考を埋めろ。

飛行機や新幹線で移動するとも、ボーッと窓の外の風景を見ていちゃいけない。携帯電話でニュースを読んだり、仕事の計画書をまとめたり、頭の中をいつでも思考で満たせばいい。

思考を埋めていれば、新しい情報がどんどん入ってくる。

情報を持たなければ、人は恐怖にかられる。人間の恐怖の大半は、情報不足が原因だ。

新しい情報を獲得し続けていれば、不安や恐怖は克服できる。

部下の今後も、会社の行く末も、老後も、怖くはない。

これから先の事態を怖がっているのは、情報弱者である証拠だ。

今すぐ情報のコックを最大限にひねって、頭から情報のシャワーを浴びてほしい。

そうすれば身体にまとわりついた、不安や恐怖は洗い流されていくだろう。

35歳の君へ

ゆとりのある
人生がなぜ
幸福なのだ?

Case 10

利益を生む経営

企業を成長させるためには何が必要？

従業員の査定や経費には
甘い方だと思う

コストダウンが
目下の懸案事項

一方で皆が働きやすい
会社にしたいと思う

自分の経費は
ほとんど使わない

今のところは黒字経営

住居は片田舎。
通勤は2時間

家族との絆が
何より大切

時間に追われる生き方には疑問がある

製造業・経営／37歳／2年前に父親から引き継いで社長へ
年収1000万円／貯蓄1200万円
住居・東京近郊2階建て一戸住宅／親からの譲り受け
地方高専卒／両親、妻、2人の子との二世帯住宅
従業員は35人／社風は家族経営の雰囲気

間接部門という考え方は大嫌いだ

社員の査定は、どこの会社も懸案のひとつだろう。

経営側としては面倒かもしれないが、会社全体に規律と緊張感を持たせるためには頻繁にやった方がいい。

ライブドアでは3ヶ月に1回、査定を入れていた。自動査定システムだったので、それほど手間はかからなかった。

さすがに各方面からの反発に遭いそうだったからやめたが、本当は毎月行いたいぐらいだった。他の企業はだいたい1年単位のペースで査定しているらしい。それは、緩すぎないだろうか。1年も査定しないと、働く側には必ず甘えと気の緩みが生じる。働いている側のモチベーションを高いレベルで維持するためにも、査定期間は縮めた方がいい。

査定することで、やる気のある人、能力の高い人を評価する機会が増えるし、出来の悪い社員をふるい落としていける。君は給料を払う側なのだから、もっと社員を真剣に選別しなくてはいけない。

会社とは、社員全体で利益をあげていくものだ。社員を使って利益を得るためには、何をすべきか、どう考えればいいのかを、君自らが実践せねばならない。

例えば社外からの発注だけではなく、社内でも利益を生み出す発想も必要だ。ライブドア時代、僕は「管理部も稼ぎを生み出せ！」と命じていた。それで社内コンビニを設置して、社員にサービスを提供した。自動販売機も置いて、社員に利用させた。自動販売機は1台につき、月10万円は稼いでいたと思う。社員サービスの対価としては、なかなかの利益だったと思う。

また、僕がテレビに最も頻繁に出演していた頃は、広報部に出演交渉をさせて、出演料をどんどん高く引き上げた。最終的には1本200万円ぐらいのギャラになったんじゃないか。悪どいことだとは思わない。企業の経営者としては、当然の交渉だろう。ギャラは会社の収益になるだけで、僕自身には1円も入ってこないのだ。

僕は間接部門という言葉が大嫌いだ。あらゆる部門が、利益をあげるために努力しなければ、会社は成長しない。会社は、大きくならなければ意味がない。成長しなくてもいいと思って、経営を始めるバカがどこにいる？

ライブドアはグループ企業になった頃、関連会社からはシステム使用料をとった。2000年頃にはドイツの会計システムを導入したのだが、当時は日本の企業で導入しているところが少なく、半分モニタリング価格のような形で取り入れた。正規の価格だと10億円ぐらいのところを、たしか5千万円だったと思う。

そういうところで、僕は確実に稼ぎを積んでいた。仕事を外から取ってくるだけでは、会社は儲からない。

会社の金は人さまの金

経営にはコストダウンも必要だ。

それほど難しいことでもない。社員に携帯電話を持たせている会社もあるようだが、驚いてしまう。そんなもの、今すぐやめてしまうといい。無駄な経費だ。

そもそも、仕事の話を電話で済ませるのは、危険だ。言ったことを忘れる可能性があるし、電話している間は他のことが何もできない。他人の貴重な時間に割り込んでくる、あんなに乱暴な連絡手段はないと思う。

人によっては、いまだに携帯電話代が月3万円かかるとか言うけれど……アホだ。そんなに大事な話なら、直接会って話すか、メールで報告すればいいのに。それでも絶対に携帯電

25歳の君へ
28歳の君へ
32歳の君へ
35歳の君へ
38歳の僕へ

話を使いたいというのなら、料金プランを真剣に検討し直したらいい。

みんな無駄なものにお金を使いすぎるんだ。

ちょっと考えたら安くあげられる物に、わざわざ大金を払おうとする。それが粋だとでも思っているのだろうか？

僕はほとんど、物を買い替えたりしない。つい最近まで、18歳の時に買った炊飯機を使い続けていたし、経営しているバーにはずいぶん前に自腹で買ったプラズマテレビを置いていた。画面の色が褪せてきて、買い替えたら？とお客さんに言われるまで新品にしなかった。掃除機も10年ぐらい買い替えしなかったし、パソコンは6年前に買ったＶＡＩＯをそのまま愛用している。

イメージ的に、新しくて高価な家電をたくさん揃えているように思われているけど、真逆の生活だ。嫌がらせとしか思えない強制執行で自宅のテレビなどが差し押さえられた時など、執行官が「あんた、何も金目の物を持ってないんだな……」と、呆れていたぐらいだ。宝飾品とかブランド品がどっさりあると思ったんだろうか。そんなもの女の子にみんなあげてしまった。

金持ちのくせにケチな生活だなぁと言われるのは、心外だ。使えるものを使えるまで大切に使うのが、どうしてケチなんだ？

僕は、いらないものを買わないだけのこと。生活が苦しいのに見栄をはって高級時計を何本も持ってたり、アパート暮らしなのに10万円の炊飯器を使っている家電マニアの方が、僕には下品に思える。

以前、僕が自分の会社の社員に対して「クリアファイルや鉛筆は買うな、もらってこい」と命じたのを、世間にバッシングされた。堀江は何てケチなヤツなんだ！と。大きなお世話だとは思うけど……バッシングした方は、そもそもの間違いに気づいてない。僕は必要な経費を渋っているわけではないのだ。会社の金は、自分の金ではないのだから、大事に使わなくてはいけないと言いたいのだ。

会社の金は、基本的に株主など他人のものであって、社員が自由に浪費していいものではない。人さまのものなのだから、もっと考えて使いなさいという教育をしていただけなのだが、間違っているのか？　それは世の中の道徳観とは違うのか？

クリアファイルや鉛筆なんて、それこそ取引先から山ほど集まってくるだろう。ライブドアでは社内に専用ボックスを設けて、そこにクリアファイル類をストックさせて使っていた。また、会社を六本木ヒルズに移転する時は、同時期に引っ越していったヤフー社からイスと机を７００席分、無料で譲り受けた。社員にはほかにも「引っ越しとかで備品を処分する会社を調べて、もらえそうなものは引き取ってこい」と命じた。なので、ヒルズ移転の時は、ほとんど備品の経費はかからなかった。

使える物は再利用して、余分な出費は抑える。健全な経営には、当然のことだろう。放っておくと、社員は平気でアスクルでカップラーメンを買っていた。1個200円ぐらいする。アホじゃないかと怒った。カップラーメンなんて、ちょっと探せば100円以下で買えるだろう。量販店で買ってくるぐらいの工夫をなぜしない？　というか、会社でカップラーメンなんか食ってないで仕事しろ！　そういうヤツに限って、使えない社員なのだ。僕はそれ以来、会社でアスクル禁止令を出した。

こういうやり方をケチだと決めつけて、必要以上に嫌う風潮は深刻な問題だと思う。僕の価値観では、これは紛れもなく正しい道徳だ。

世間的には、他人の金をまったく抵抗なく使える人の方が多いらしい。そっちの方が怖い。

他人の金をバンバン使うのは、いわゆる倫理面以外からも危険だ。自分の懐が痛むとなれば、それが本当に必要なものかを考えるだろう。その金を使う行為に思考が伴わなくなるから、どんどんアホになる。その典型が、国の金を湯水のごとく使いまくって、浪費の白痴と化している官僚だ。

君はもっと、会社の経費に対してうるさく言った方がいい。

それが結果的に、思考力のある社員を育てることに繋がるだろう。

タクシー代を出せないような仕事には価値がない

「ゆとり」という言葉を使う人が最近、多くなった。

時間やお金に追われず、物質社会からできるだけ距離を置いて、家族や自然を愛しながら、心豊かに人間らしく生きるという。簡単に言うと、スローライフだとかエコライフだとかということだろう。

うーん……。

それは、近年の僕の大いなる疑問のひとつなのだが。

そんな人生、本当に楽しいのか？　飽きないのか？

人生は短い。時間は限られている。停滞していたら、すべてに置いていかれる。

僕は若い頃から、緊張感とスピード感のある環境に身を置いて、走り続ける人生が濃密で充実した人生だと考えていた。

ひとつの目的を達成するのに、何年も時間をかけるのは無駄だと思っていた。

「ゆとり」の側からしたら、僕のような人間は、どう映っているんだろう?

よく人からは、「堀江さんは短時間で、よくあんなに成功できましたね。どうしてですか?」と訊かれるが、そう問う側が多少なりとも「ゆとり」の側の発想をしているので、それはですね……と説明しても話がちっともかみ合わず、イライラすることが多い。

時間は有限なのだ。

何もしない「ゆとり」の時間なんて、本当に愚かしい浪費だ。この世で最も貴重なのは時間なのだ。

だから郊外に家を建てて、通勤に2時間もかけるような君のような人の気持ちがまったく理解できない。「車内で本を読む時間が持てる」とか、「仕事とプライベートを分けているので、家に帰ったら本当の自分でいられる」とかいろんな意見を返してくるだろうけど。結局は1日2時間をコツコツ捨てているのではないか。その時間で何がしかの自己実現に挑もうとは思わないのか?

ライブドア時代、ほとんど会社に住んでいる時期があった。会社でシャワーも浴び、ランチの時間も捨てて、働きまくった。会社を大きくして、もっともっと楽しい仕事に出会いたいのだから、そういう生活が当然だった。

事件の時、世間は「堀江はずるいことをしたから、あんなに急成長できたんだ」というイメージを持っていたと思う。

そうじゃない。

切り捨てるものをぜんぶ捨てて、時間を極限まで切り詰め、仕事を頑張ったから成長できたのだ。

僕は今でも、会社をつくるときに資金を出してくれた、ある恩人の言葉を思い出す。

「堀江、お前は移動の時に何を使う?」

「電車です。その方が節約になるし、時間を短縮できますから……」

「ダメだ。タクシーを使え。電車に乗ってたら、せいぜい音楽を聴くぐらいしかできないだろう。タクシーなら、雑誌を広げて読んだりパソコンも使える。移動するのも無駄な時間だと思うな」

そして、こう付け加えられた。

「タクシーに平気で乗れるぐらいまで、時給をアップさせろ。それが成功の第一歩だ!」

と。僕はこの言葉を、永く胸に刻んでいる。

タクシー代はケチらない。それは仕事時間を確保するための必要経費だ。

極論すれば、もしタクシー代も出せないような仕事をしているのなら、その仕事には何の価値もないのだ。

それ以来、僕は常に時間を有効利用することに努めている。

家の掃除はダスキンにすべて任せている。週に2回、3時間ほどで月に10万円ぐらい。ちっとも高いと思わない。その程度の出費で、付加価値の伴わない仕事をしないで済むなら安いものだ。

面倒なことはすべて人にやらせる。

自分のやりたいことを最大限できるように、徹底的に時間を工夫して、常に思考して、誰よりも努力しているのだ。

しかし、「ゆとり」の側の人からしたら……僕のような生き方は、愚かしいと思われるのだろうか?

相容れない同士なのかもしれないが、「ゆとり」感覚で生きている人に、ひとつだけ共感できる点がある。

睡眠時間を充分とっていることだ。

僕はどんなに忙しくても、絶対に8時間ほどの睡眠時間はとっている。徹夜で仕事することはほとんどない。大がかりなプロジェクトを手がけて、多忙なときも「ちょっと仮眠させて」と、必ずソファなどで寝るようにしていた。

睡眠時間をきちんと取れば、物覚えのいい体質になる。例えば昨日までうまく覚えられなかったセリフが、ひと晩寝たら、はっきり諳《そら》んじることができる。そんな経験はないだろうか？

脳科学的に立証されているのだが、人は眠ることで、記憶を定着させる。傾向的にショートスリーパーの多くは、記憶力が悪い。深いノンレム睡眠が続いているだけで、記憶を整理するレム睡眠をしていない。「おれは寝ていても夢を見ないんだよ」と言う人がいるが、自慢するようなことではない。そういう人はだいたい、一昨日の夕食メニューをまったく思い出せないような人だ。

いい仕事をするためにも、睡眠は絶対に必要。寝ないで仕事に没頭するのは、結果的に非効率だ。

「ゆとり」の側の人とは絶対的な価値観も、考え方も違うようだけれど、この点だけは話が合いそうだ。

時間をロスしてでも心の「ゆとり」を大事にする人と、時間を切り詰めるのを最優先している僕。

正反対のようで、自分の望む人生を送るために努力している、という点では共通しているのかもしれない。

Case 11
友人と包容力

収入は
生活できるだけ
あれば充分

信頼できる仲間と
仕事を続けていきたい

2人からの信頼は厚いと感じている

家族との時間が一番愛おしい

自分の活動で
生まれ育った
地元に貢献したい

良い作品を
仕上げるのが
無上の喜び

作品制作だけで
一生を静かに過ごしたいと思う

時間に追われる人生はイヤ

陶芸家／38歳／学生時代から修業後、3年前に独立
年収200万〜400万円／貯蓄100万円
住居・地方の平屋建て一戸住宅／賃貸料3万円
芸術大学中退／妻と2人の子の4人暮らし
地元の友人2人と共同事業を検討中

家族が大事だなんて倫理観がつくりだしたウソだ

これからの日本の生き残り策のひとつとして、僕は海外からの観光客を狙った観光立国化はおおいに可能性があると考えている。

少し前に鳥取県の境港市に行った。人口4万人弱の境港市は『ゲゲゲの鬼太郎』の作者・水木しげる氏の故郷。少し前まで、この町の中心地にある商店街は閑古鳥が鳴く、日本中どこにでもあるシャッター商店街だった。しかし、「水木しげるロード」というアイディアにより、観光客誘致に成功した自治体モデルとして、全国から熱い眼差しを受けている。

通りには鬼太郎のキャラクターのブロンズ像が立ち並び、グッズを売る店が並ぶ。町を走るタクシーの屋根には「目玉のおやじ」をモチーフにした行灯をあしらえる徹底ぶりだ。市の公式ウェブサイトも鬼太郎を全面的に打ち出すとともに、英語、韓国語、中国語、ロシア語版までを完備。完全に海外からの集客をにらんだ仕様になっている。

普通なら、ただブロンズ像を並べただけの平凡な公共事業で終わってしまう「水木しげるロード」を盛り上げられたのは、地域が一丸となって熱意を結集させた結果だろう。

そして、それは何よりもひとりのクリエイターの才能と、地元への愛情がもたらした僥倖だと思う。

成果を認めている、その一方で――。

僕には君個人としての感覚が、よくわからないのだ。

君のように、ひとつの道を究めんと寄り道せず、何十年も同じ仕事を続けるような職人気質の職業、例えば仏師や靴職人、織物職人など芸術家タイプの仕事に就いている人たちの職業意識だ。

ひとつの道を究める人生に、何らかの喜びがあるかもしれないけれど……。

敢えて、つまんなくないですか?と訊いてみたい。

おそらくそんなに儲けもないだろう。社会システムを変革するわけでもなければ、話題が豊富になるわけでもなさそう。スピード感とか、未知なる世界が開ける情報とも無縁の環境だろう。

当たり前だが僕の周りに、そんな生き方をしている人はいなかった。だから想像するしかないのだが……。

ベースとなる時間対効果のとらえ方が、まったく違うのだろうな。

ひとつの作品を作り上げるのに、半年も1年も費やすなんて、僕の人生には絶対にあり得ない。想像しただけで頭がおかしくなりそうだ。

職人を取り上げたドキュメンタリー番組を観ていると、彼らは「ひとつの作品をつくり上げるのが無上の喜び」だという。そして、家族も大事だという。「子どもの笑顔を見れば疲れが吹き飛びます」とは、よく聞く言葉だが……。

僕は敢えて、こう言おう。

ぜんぶウソか、思い込みじゃないのか?

どうも、この国では大昔から、そういう人生こそ最も価値があり、美しいとされている。

真っ向から、異を唱えたい。

ひとつの仕事をし続けるのは退屈だし、子どもはいつまでも可愛くはない。

こう言うと、ものすごく悪人みたいに受け取られるかもしれないが、紛れもなく本当のことじゃないか。

なぜ悪い人に見えるのか。それは学校教育が「家族を大事にしろ!」「仕事はひとつに集中しろ!」と、すり込み続けてきたからだ。

もちろん、それはそれでメリットもあるだろうけど、僕のような異論が許容される世の中でなくては、息苦しすぎやしないか。

以前、友人の野口美佳さん(ピーチ・ジョン社長)が、自身のブログで「子どもってウザいよね」と書いたら、大炎上してしまった。ブログの全文をちゃんと読めば、彼女の小学校の息子が友達の家に泊まっていて、少しだけ家事から離れられてホッとしているという意味なのだが。炎上させた側の意識としては、「子どもがいなくて寂しい」と書く母親でなくては納得いかなかったわけだ。これには背筋が寒くなってしまう。

僕は、彼女よりもっとドライで、子どもは99%ウザい存在だと考えている。

泣いたら死ぬほどうるさいし、うんこは臭い。自分の子どもだったら臭くないというけれど、絶対にウソだ。臭いものは臭い。自分も昔はそんな子どもだったじゃないかと叱る人もいるけど、だから何だ？　今はちゃんと稼いで自立している大人なんだから、子ども時代がどうとか関係ないじゃんと思う。

ひとつの仕事を愛して、子どもを愛する人生が、幸せだなんて……どうも疑わしい。何度も言うが、否定はしない。けれど、それが、この世で最も素晴らしいとは限らないんじゃないか。

東大の文化人類学教授、船曳健夫氏が「人類は太陽の運行に支配されている」という説を唱えていた。人は明るくなったら起きて活動して、暗くなったら寝て休む。つまり太陽が人類のすべての行動を司ってきた。その最たる例が農耕だ。太陽の動きに沿って畑を耕し、作物を育て、休耕時にはメンテナンスして、人類から飢えのリスクを減らした。

日本は特に作地面積が小さく、一子相伝でしか畑を維持できなかった。そこから一夫一婦制ができて、長男を大事に育て、ムラ社会の堅持を最優先する独特の倫理観が育った。

太陽に支配されていた時代は、それでよかったかもしれない。けれど現代は、太陽が昇っていなくても人は活動できる。いつまでも田んぼを守る必要はないし、結婚相手がひとりである必要もないのだ。

僕に言わせれば、職人の人生はおそろしく旧態依然としていて、現代のスピーディーな多様性を拒絶しているように見えるのだが……。

まあ、それが幸福だと信じているのなら、別に口をはさむことじゃない。

ただ、同じことを何十年も続けるという幸せは、思考停止している人の、単なる思い込みなのじゃないか？

この問いかけは、今後も続けていきたい。

それが、薄気味の悪い日本独特の倫理観からつまはじきにされ、生きづらさを抱える若者たちにとって、何がしかの救いになると信じている。

僕に足りなかったのは包容力かもしれない

僕には友達といえる存在が多くない。知り合いは女の子の方が多くて、長年親交のあるような男友達は数人程度だ。

会社を立ち上げてから現在まで、自分と同じステージに立てない友人は、ばっさり切っていく。だから学生時代からの友達は皆無だし、同窓会にも行かない。過去の友人と会って、旧交を温めるという感覚もわからない。

僕にとって友人の定義とは、自分の見ている広い世界を共有できて、同じスピードで成長している人だ。

僕はいつも全力で疾走していた。会社を成長させるために、不要なものはすべて切り捨てた。そこらの上場企業の若手社長レベルの人は、最初は仲が良かったけど、すぐに置いていってしまった。

孤独だと思ったことはない。何年も前の思い出話を延々と語るような友人は、そばに置きたくない。全力で走り続け、高いレベルに行けば、そこでまた魅力的な友人と出会えると信じていたし、事実、今も僕は刺激的な出会いに恵まれている。

同じ仲間とばかり繋がっていたら、世界は広がらないんじゃないのか？

10年以上も仲良くしている友達から、新しい情報を得られるわけがない。古い友人は人生を停滞させる、ある種の障害物だろう。

と、長く考えていたのだが……。

僕の先を行く優れた経営者に、「ゆとり」を漂わせた人物が少なくないのを知って、ちょっとだけ戸惑っている。

例えばトヨタの奥田碩元会長。創業者一族以外で初めて社長に就任して、業績を大きく伸ばした、偉大な経営者だ。僕は何度となくお会いしたこともあるが、押しも押されもせぬグローバル企業のトップなのに、大変に物腰の柔らかい人物だった。

常に会社の成長を考えて、ピリピリしているかというと、そんなことはない。「ゆとり」の側の人特有の、ゆるい雰囲気で、逆に大丈夫なのか？と思ったほどだ。しかしそれが何とも表現しがたい、人を惹きつけるオーラを発していて……何万人もの社員から支持されていた。実際の社長としての高い手腕は、経済ニュースでもたびたび報じられているので、説明するまでもない。

奥田氏の持っている魅力を、ひと言で言うなら「包容力」だった。

できる人もダメな人も、大いなる愛で包み込む。優秀な人は当然評価して、一歩遅れている人も、ちゃんとフォローして生活の面倒をみてあげる。大家族の中心にいる、頼れるパパのような姿だ。

包容力を持つ人は、自分が持っている力や才能を、惜しみなく仲間や家族に分け与えている。もっと言うと、能力のない人に奉仕できる。それが、幸福だと感じているんだ。

僕にはない発想だ。

能力のない人に、不相応な報酬を与えるのが、そもそも良いことなのか？

能力のない人は切り捨てなければ、本人のためにもならないんじゃないか？

この問いは、僕の38歳からの、重大なテーマのひとつとなりそうだ。

才能を他人に分け与える人生は幸せ？

ついこの前、僕は招待されてGLAYのライブを見に行った。打ち上げにも参加させてもらって、メンバーと歓談させてもらった。

TERUさん、HISASHIさん、JIROさんは、僕のような生き方をしている人間に興味があるようで、熱心に話を聞いてくれた。とりわけリーダーのＴＡＫＵＲＯさんが、とてもシャイで控えめだったのが印象的だった。ＧＬＡＹの楽曲のほとんどを作詞作曲している、バンドの中心的存在。その場にいる大勢の人間の中で、一番偉そうにしていてもいいはずなのに、会場の隅っこでひっそり微笑んで、みんなを眺めていた。

彼からも、僕はとてつもなく大きな包容力を感じた。

ＧＬＡＹのメンバーの仲の良さは有名だ。それぞれの誕生パーティーを開催したり、４人でスノーボードやコンサートなどに出掛けたりするらしい。打ち上げ会場でも、メンバー同士が、ごく普通に笑って話していた。まるで家族のような気の置けなさだった。芸人などによくある、仕事以外では相方とは口もきかないという感じではまったくなかった。

極論してしまうが、ＧＬＡＹはＴＡＫＵＲＯさんの才能が、かなりの部分を占めるバンドだと思う。彼が自ら才能をバンドに分け与え、公私ともにメンバーを気遣い、シビアなビジネスも、音楽プロデュースもこなしている。その包容力があればこそ、20年間も解散することなく、仲間たちと一緒に、ロックバンド史上最大級の成功をおさめられたのだろう。

長年、同じメンバーで活動しているバンドには、似ているところがある。

スピッツも、草野マサムネという大きな存在が、包容力となって、バンドを支えていると思う。サザンオールスターズも、シャ乱Ｑも、氣志團もそう。桑田佳祐、つんく、綾小路翔という一流のフロントマンが、大きな役割を果たしている。聞いた話だが、作詞作曲は事実上フロントマンひとりでやっているのに、メンバーにも莫大な著作印税を均等に配分しているバンドもあるらしい。

僕には、驚きとしか言いようがない。

バンドというのは特殊な世界だけど、ある意味で、うまくやっている会社の縮図みたいなところがある。僕とは対極のやり方で成長している会社には、不思議な包容力のある経営者がいる場合が多い。

そういう経営者は、だいたい昔からの仲間を大事にしていて、家族を愛している。

自分のためではなく、自分を支えてくれる他人のために、仕事をしているという考え方だ。

……どうしても、その良さが僕にはわからないのだ。

自分の時間と才能を、他人に分け与えることに、何の幸せがあるのだろう。

喜ばれることに対するモチベーションか？　心の安穏か？

そういう観念的なものが、僕は人の成長を妨げている危険なものだと信じていた。

しかし、現実としてＴＡＫＵＲＯさんのように経済的にも社会的にも大成功した人もいる。

包容力も、これからのビジネスには必要なのかもしれない。

もっと言うなら、他人への無償の愛は効果的なトレードオフのひとつということだろう。

いまさら包容力を身につけて、他人に奉仕する人生を送りたいとは思わないが。

ＧＬＡＹの打ち上げ会場で、楽しそうにしているメンバーたちを見て。

20年間、同じスピードで、高いレベルへかけ上げることのできる仲間たちがいたら、それはそれで楽しい人生だったのかな……と、少し思った。

同じステージでライブをやって、何万人もの人を感動させた後、高校時代の友達みたいに談笑できる彼らが、ほんの少しうらやましく映ったのも事実だ。

君に対してもだ。

僕は君の考え方に共感はできない。

しかし、君はおそらく、僕の知らない幸せをこれからも生きていけるのだろう。

38歳の僕へ

ネガティブを
突き抜ける
ということ。

Case 12

充実した人生の定義

年1回の人間ドックは
欠かさず続けている

長命の家系。
しかもハゲない

詫びたくないときは
絶対に頭を下げない

パフォーマンスを
最大限に活かす
努力をしている

海外で活躍している
スポーツ選手を
むやみに尊敬しない

自殺を考えたことは一度もない

実はネガティブ思考

離婚歴がある。
元の妻子とはほとんど会わない

ためらわずに、
昔の仲間を
切り捨てている

実業家／38歳／作家・評論家としても活動
年収・非公表／貯蓄・非公表
住居・六本木のマンション／賃貸料・非公表
東京大学中退／ひとり暮らし／離婚歴あり
証券取引法違反容疑の裁判係争中

体のメンテナンスにはお金をかけろ

30代後半になってから体力の衰えを感じる場面はありますか？　と訊かれることがある。無理がきかなくなったとか、腰が痛いとか朝が辛いとか、そんな答えを期待されていると思うのだが。

今のところ、体力の衰えは感じていない。

20代に比べれば体重が少し増えて、身体のキレは悪くなった。しかしアンチエイジングしなきゃと、焦るほどではない。基本的には好きなだけ好きなものを食べているし、好きなだけセックスしている。

規則正しい生活なんてアホだと思っているから、一日の時間はめちゃくちゃで、寝たいときに眠る生活を続けている。それで現在の健康を維持できているのだから、何の不安も感じない。

おそらく人よりも基礎的に強い身体なのだろう。大きな病気にかかったことも入院した経験もない。家系的にも健康だ。重大な疾患にかかった親類はほとんどいないし、だいたい長命だ。祖母は93歳まで生きて、祖父は90歳でまだ元気に過ごしている。

堀江の血を引いている親族は、基本的に70歳以上までは健康に生きているようだ。しかもハゲがひとりもいないので、見た目も若々しい。

遺伝子的なアドバンテージがあるのは確かなようだが、それに頼っているわけではない。睡眠時間はきちんととるし、トータルワークアウトのジムにも定期的に通っている。肉体を維持するメンテナンスは、欠かしていない。

だいたい30代後半で、身体の衰えを感じるような人は、自身のメンテナンスに無自覚だ。平気で徹夜をするし、飲んだ後、身体を動かした後もそのまま寝てしまう。僕はゴルフに行った後などは、丁寧にマッサージを受ける。ストレッチも人に教わったやり方で欠かさず行う。

筋肉の管理には、必ず専門のプロをつけた方がいい。例えばベンチプレスで、ある程度の重量を超えると、僕の場合は手首の少し後ろの部分が痛くなってくる。するとトレーナーが「握り方を変えないとダメです」と言って、手首を固めるサポーターをつけてくれた。

手首は身体の中心から遠いので、血のめぐりが遅く、もし痛めたらなかなか治らないという。こういう身体についての専門的な知識は、自分だけで鍛えているとわからないことだ。

ジャンクフードは可能な限り避ける。安い食事には必ず、悪い脂と調味料が使われているから、長期的には健康を害する恐れがある。ガンになるリスクも高まるだろう。だから、食事にはお金を払う。身体に負担のない美味しい食べ物は、安い値段で出回っていない。

また、僕は年に1回の人間ドック検査を欠かさない。内視鏡やCT・MRI検査など、主要な検査はすべて受けている。ガンになる可能性はあまりないと思うのだが、用心に越したことはない。どんな疾患でも、いま早期発見できれば、ほとんどの場合は治ってしまう。病気を心配しているのではなく、死を可能な限り遠ざける、僕なりのリスク回避の手段だ。確かに毎年、安くはない検査料がかかる。しかし、ちょっとの出費で身体の安全を保てるのなら、何の負担にも感じない。

「身体のメンテナンスをするヒマがない」なんていうのはウソだ。メンテナンスにかけるべき、必要な出費をケチっているだけ。そのツケは40代を過ぎたあたりで、手痛く支払わされるだろう。

虫歯よりも怖いのは歯周の病気

20歳ぐらいの時、僕は前歯の1本をインプラントに替えた。根が骨に定着しなくて、1年ほど歯医者に通い、治療完了までなかなか大変だった。しかし、その時にかかりつけだった美人な女性の先生のおかげで、僕の歯に対する意識は一変した。

その先生は「虫歯は絶対に治るから、まったく怖がることはない」と言う。もし虫歯になっても、神経を抜いて詰め物をしてしまえば、その部分は二度と虫歯にはならない。治療も現在、大半は無痛で行われる。一般的に虫歯はなかなか治らないというイメージがあるけれど、この先生のおかげで、僕は虫歯を恐れなくなった。

むしろ怖いのは、歯周病など歯肉の病気だ。歯磨きや口内ケアを怠っていると、歯より先に歯肉が悪くなる。すると歯を支えている土台が弱り、最悪は根っこから抜けてしまう。総入れ歯にしている老人は、このパターンだ。歯槽膿漏よりさらに進んだ、歯根嚢胞も怖い病気だ。これは歯の根っこの骨に膿が溜まり、放っておくと菌が脳にまで達して、命にかかわる場合もあるという。

それを知って僕は虫歯よりも歯肉炎を防ぐために、デンタルフロスと歯間ブラシを欠かさなくなった。少し手間はかかるが、習慣化してしまったら平気だ。今では歯間ケアをしないと眠れない。

QOL＝クオリティ・オブ・ライフにおいて最重要のひとつは、歯の健康だといえよう。

歯を悪くしたときの痛みは激烈だ。経験のある人も少なくないだろう。思考で頭を埋めるどころの騒ぎではない。毎日ちゃんと歯ぐらい磨いておけばよかったと後悔しても、後の祭りだ。

また歯のケアをしていない人は総じて、口臭がきつい。あれはかなりのマイナスポイントだ。まず女の子にモテないし、仕事の場では相手に不快感を与える。歯を磨いて、歯間をきれいにするなんて、数分あればできることだ。毎日続けているだけで、10年後のＱＯＬに格段の差が出る。

この人ダメだな、とか、使えないと思うオヤジは、だいたい口が臭くて歯が悪い。好意を持たれる大人になるには、歯間ブラシの携帯が必須だ。決して大げさな話ではない。

パフォーマンスを活かさないのは才能への冒瀆

先日、『クリスマス・キャロル』をＤＶＤで観た。チャールズ・ディケンズ原作でアメリカでは有名なファミリー向けのミュージカルだ。

内容は、スクルージという金貸しの老人がクリスマスをきっかけに、温かい心を取り戻すというもの。最後まで面白く観たのだが、他の人とは違う部分に僕は興味を持った。

スクルージは最初から心の荒《すさ》んだ悪人という設定なのだけれど、どうもそうは思えない。従業員が年末に給料の前借りに来ると、ひどく嫌そうな様子を見せるのだが、「クリスマスなんだから持っていけ！」と結局、金を渡してやる。嫌われ者で、家族も仲間もいない孤独な爺さんなんだけど、それで誰かに迷惑をかけているわけでもない。

僕は、彼は偽悪的なだけで、けっこういいヤツじゃんと思った。さっきの従業員なんか、お金を手にしたのは「神の思し召しだ」なんて感謝しているけど、いやいや、それはスクルージのおかげじゃないのか？

途中いろいろあって、結局、スクルージはたったひとりの親族である甥のところにプレゼントを持っていって、家族の温もりを取り戻し、めでたく改心するという物語なのだが。うーん……何か引っかかる。

物語としては面白いし、家族や仲間に愛されてこその人生だ、というメッセージも、僕は別に否定するつもりはない。

だけど、スクルージはひとりで一生懸命、働いたから金持ちになった。それを良くないことだ、みたいに描くのは、問題があるのじゃないか？

従業員に雇用も生み出して、困った人に金を貸して助けてあげる彼が、なぜ悪人として設定されなくてはならないのか？

僕とスクルージの生き方には似ている部分がある。いい仕事を続けるために、僕は仲間や家族を切り捨ててきた。必要な犠牲だったとまでは言わないが、僕の成長には邪魔だったから、シンプルに排除しただけなのだ。

あんなに懸命に突っ走らなければ、検察に目をつけられて逮捕されることもなかったな……とは、ちょっぴり思うけれど。

スクルージが最終的に行き着いたような、自分の富と才能を周りに分け与え、心の「ゆとり」を最も大切に、ほどほどの努力で生きていく人生を、僕は受け入れられない。

僕の価値観では、それこそひどく堕落した、最も糾弾されるべきダメな人生だ。そういう「ゆとり」中心の人生が、魅力ゼロだと言っているのではない。得られる幸福も充実感も、人によっては存在するのだろう。

しかし、誰にも憎まれず、仲間の顔色をうかがって、もっと手に入るはずの稼ぎをみすみす逃しながら、できる努力を敢えて抑えて生きることに、どれほどの意味があるというのだ？

自分が持っているパフォーマンスを最大限に活かさないのは、人が持って生まれた才能に対する冒瀆だと考えている。

『クリスマス・キャロル』は名作だろうけれど、スクルージは自分の歩んできた人生を強く肯定しても良かったのではないだろうか？

この世にはびこっている道徳観において、改心は素晴らしいとされている。

なぜだ？

金持ちが金を持つために、誰よりも努力して、必死に生きた過程を全否定するのが、どうして善なのだ？

僕はすべてのものを疑っている。それは今後も変わらない。

努力や成長を、いけないことだと規定する道徳なんて、僕は生涯いらない。

仏頂面だったスクルージは、人間らしい心を取り戻した時、素晴らしくきれいな笑顔を見せた。

だが、努力した結果に莫大な財産を手にした時の笑顔も、また同様に美しかったはずだ。

選択を迫られたら皮膚感覚を信じろ

たまにライブドア事件について、人からはこう指摘される。

「もし村上世彰さんのように、大人のふるまいで世間に詫びを入れれば、同情を集めて許してもらえたでしょうね」

と。その通りだと思う。

控訴審で村上さんは執行猶予、僕は懲役2年6月の実刑判決を受けた。この量刑の差は、何よりも僕が詫びなかったことにあると自覚している。

失脚直後に、近しい人からも、同じようなことを言われた。世間に対して詫びる必要はまったくないけれど、多くの人に誤解されているホリエモンのイメージに、お詫びしなさいと。何だか複雑でよくわからない構図だけど、まあ正しい方法ではあっただろう。

つまり、演じなさいということだ。今年の冬季五輪、腰パン騒動でバッシングを受けたスノーボードハーフパイプ競技の國母和宏選手の「反省してま～す」ではないが、しおらしくスーツでも着て、「申し訳ございませんでした」と打ちひしがれて反省しているホリエモンを、世間に見せていればよかった。

けれど、僕は絶対にやりたくなかった。

プライドだとか、スピリットだとか、そんな深い問題ではない。

悪いことを何にもしてない相手に、「ごめんなさい」と頭を下げる行為が、皮膚感覚的に嫌なのだ。

村上さんはそこを平気で演じられる人なのだが、僕はそれができない。頭ではわかっていても、身体が受けつけない。それだけの違いだ。

例えば、AVをプロデュースすることはまったく問題ないけれど、自分がAV男優として出演するのは断固として断る。シンプルに「自分のセックスを他人に見られるなんて嫌」だからだ。あるいは、ニューハーフのペニスを口にくわえるのに抵抗はないけれど、ペニスを挿入されるのは絶対に嫌だという感覚。ちょっとたとえが違うか?

いずれにしろ、あの場面で頭を下げなかったことで、僕は自分が築き上げた会社も社会的地位もごっそり失ってしまったわけだが、まったく後悔はしていない。

皮膚感覚で嫌だということを、受け入れてしまった後の後悔は、何億円稼いだって拭えるものではないだろう。

「大人になれ。後でいい思いをさせてやるから」という甘い誘惑で、オヤジたちは若者から「嫌」の感覚を奪っていく。これはとても危険な洗脳だと思う。

皮膚感覚で嫌なものは、絶対に断るべきだ。

複雑な時代を生きていても、そこだけはシンプルであるべきではないか。

フジテレビの買収なんてクソみたいなものだ

前の章で、包容力という言葉に触れた。

経営者として、また38歳の大人として、自分に足りないのは包容力ではないかと、うっすら気づき始めた。

いつか必要な時がくるのだろうか？

包容力を持つために、何がしかの努力をする時期が僕にも訪れるのだろうか？　今は、わからない。

現時点でいえば、まだ僕自身が最前線のプレイヤーでいたいと願っているので、包容力を欲しいとは考えていない。

しかし、自分の才能を仲間たちに分け与えることが、本当にいいことなのか？という基本的な疑問は、延々問い続けることになるだろう。

ある種のコミュニティーを維持するのには、必要なトレードオフかもしれない。が、自分がそれをやることには抵抗が拭えない。心のどこかで突っ張っている。

そもそも、出来の悪い仲間に対して能力に見合わない報酬を与えることを、包容力を持つ経営者は、心の底ではどう思っているのだろうか？　そうまでして仲間の機嫌をとらねばならないのか？

何度も言うが、僕は仲間を切り捨ててきた。

常に「俺のそばから人が誰もいなくなってもいいや」と考えて、仕事に励んでいた。ひとりになることに怯えなかった。安住の場所を求めず、いつも自分を追い込んできた。

だからこそ、僕のような凡人が、ここまで成長できたのだと思う。

別にストイックではないし、安住の場所をつくれないほど、社交性がないわけでもない。「ゆとり」に身を委ねることで、しがらみやモラルにからめとられ、新しいチャレンジができなくなるという危機感があったのだ。

神のような存在に、「安住の場所を欲しいだけあげる代わりに、新しいことをひとつ諦めなさい」と言われたら、僕は迷わず「いりません」と答える。

周りを見回すと、包容力に包まれ、安住の地で安らかに生きることを目指している人の、なんと多いことだろう。

安らぎは、人の思考を止める。

思考を止めれば、成長はしない。

成長しなければ歳をとるのが早まる。

そして着々とオヤジ化が進み、身体の衰えとリストラと死の恐怖に、びくびく怯えながら小さくなって生きるのみだ。

そんな生き方、僕は絶対にしたくない。

登るべき高い山がいくらでもあるのに、仲間や家族と共に山の麓付近でキャンプしながら、頂をボーッと見上げて過ごす人生なんて、つまらないに決まっている。

以前、夢枕獏原作・谷口ジロー画のマンガ『神々の山嶺《いただき》』を読んだ。非常に面白かった。

あの中に出てくる孤高のクライマー、羽生丈二と僕の生き方は似ている。

羽生は飛び抜けた才能を持った登山家だが、「誰も信用しない。その代わり誰からも信用されなくていい」というほど強烈な個人主義者で、登山仲間からは疎まれる。ザイルのつながったパートナーにも容赦ない。もしパートナーが宙づりになって、助けられない状態となったら「迷わず切る」と言いきる。その性格も災いして、日本の登山シーンから姿を消すが、ひそかに冬季エベレストの南西壁単独無酸素登頂を狙っていた。

周囲からの誤解も中傷も気にせず、ただ黙々と努力を重ね、世界最高峰の高みへ到達することに執着し続けた、羽生の孤高に、僕は強く共感した。

山を登り出したのなら最も高い場所に立ちたい。

最も高い場所の景色を眺めたい。

そう思うのが、努力した者の、自然な欲求じゃないのか?

『拝金』で描いた、世界5大シャトーワインをカクテルボウルで混ぜて飲むシーンを、なんてもったいない! 金持ちの下品な遊びだ! などと非難する人がいたけれど。

実は5大シャトーワインを混ぜて飲むと、意外と美味しいのだ。

もちろん悶絶するような美味でもないけれど、それはその体験をした者だけが知っている、特別な味なのだ。

努力して、高い場所に届いた者だけが得られる体験がある。体験は人を強くも、賢くもする。体験をした者は、新たな体験をするためにまた、次の努力ができる。そうして、高い山を登っていくのだ。

だが、命を賭けるわけにはいかない。

羽生は結局、エベレストの頂上を制覇したと思われる直後、消息を永遠に絶ってしまった。

僕は、羽生のように生きたいとは願うが、命を落としたくはない。セーフティネットを充分に整備した上で、最高峰を目指したい。

以前、フジテレビを買収すると決めた時、僕の周りは青くなった。何て大それたことを計画するんだ、と。だが僕は、その反応の方が不思議だった。たかがテレビ局の買収だろう？　何も命を賭けるわけじゃない。成功しようが失敗しようが、生死に関わることは絶対にない。

社会的には大事件だったかもしれないが、エベレストに人生の終焉を賭けた羽生のチャレンジに比べたら、僕の挑戦などクソみたいなものだ。

命を取られない、この一点において、僕のやってきた事業はすべて、たいしたことがない。

けれど命を賭けたら、高い場所へは行けない。

安住の場所をつくらず、命を捨てず、世界最高峰を目指す。

これが僕の考えうる、最も充実した人生だ。

人間関係をリセットしたから成長できた

何十万もの人がアクセスする、人気上位のタレントのブログなどを見ると、だいたい仲間やスタッフ、家族やファンへの感謝がつづられている。

「自分はみんなに支えられている」「みんなのおかげで成功できた」「見ている景色や、喜びを、大勢の仲間と共有したい」というような内容が多い。

そういう気持ちや、心のメカニズムは、わからないでもない。

きっと本気で言っているのだろう。別に否定することもない。

事実、何十万人もの人が、そういう思想に惹かれて、支持しているのだから。

しかし、僕は敢えて彼らに訊きたい。

仲間と喜びを共有する幸せとは、何だ？

同じ顔ぶれの仲間と一緒にいて、飽きないのか？

仲間の喜びが前提となっている幸せに、意味はあるのか？

「包容力」を大切にする側の人からすれば、暴言に思えるかもしれない。しかし、これは僕の人生の大きなテーマのひとつでもある。

仲間のために身を捧げる人生を、僕は本気で疑っている。

さまざまな成功を重ねて、自分がレベルアップしていくとき、古い仲間は切り捨てていいものだと考えている。レベルアップする以前の仲間と一緒にいるのは、停滞でしかない。

確かに何年も同じ仲間とチームを組んで、成功している実業家もたくさん知っている。

だが僕の見た限り、仕事上の成功は別にして、古い仲間と一緒にいることの実利的な見返りが、それほどたいしたものではないように思えるのだ。

ブログのアクセスランキング上位のタレントは、だいたいは大変な勢いで人気者になった。ドラマに主演したり、曲を出してヒットしたり、芸能人としてあっという間に、高い場所に到達している。そういう人が、ほぼ無名時代からの仲間やファンと、同じ関係性でいられるはずないじゃないか？

同じ景色を見せてあげているから、周囲もレベルアップしているとでもいうのか。そんなはずはない。成長したのは当人だけだ。周囲の人間は以前と同じ場所にいるわけだし、自分が高いレベルにいるのなら、自分と同じかそれ以上のレベルの人間とつきあわねば、より高い場所へ行くことはできない。

仲間なんて人生に必要ないと言っているわけではない。もし昔からの仲間と一緒にいることで、何がしかの心の平安が得られるのなら、それはそれでいいだろう。だが、同じ高みに到達していない仲間に、時間と才能を分け与える見返りとは、いったい何なのか？　誰か僕にわかるように説明してほしいのだ。

僕は人生において、人間関係をたびたびリセットしてきた。

大学に入る時と、会社をつくった時と、会社を離れる時。それまで仲良くしていた仲間と、ひとり残らず連絡を断って、新たな人間関係を築き続けた。そうすることで、僕は成長できたのだ。

そういう方法しか知らないから、僕には仲間が大事だという概念が育たなかったのかもしれない。

前章でも少し語ったが、もしも同じスピードで成長できて、僕とは少し異質な頭脳を持った仲間がいたら、別の楽しさがあったかもしれないなとは思う。

そんな仲間と一緒だったら、どんな人生になっていたかな……。

友の喜びを願う、いわゆる「包容力」を持った男になっていただろうか?

しかし、経営もできてテレビにも出て本も書いて……同じような価値観を持つ、同年代の人間が僕の周りには皆無だったから、想像するしかない。

仲間を捨てていく人生も、寂しいものではない。

まず、刺激的な出会いに恵まれた。僕ほどたくさんの著名人と対談でき、多ジャンルの業界と仕事した一般人はなかなかいないだろう。

その喜びと幸福は、ブログで毎日、仲間やファンに感謝を捧げているタレントの人生と変わらないと確信している。

スケールの小っちゃいヤツばかり

僕はさまざまな場で、若手起業家を積極的に応援している。

正直に言うと、彼らにそれほど興味はないのだが、若い世代が組織に寄りかからずに単身でビジネスを興し、金をもらうのではなく金を生み出す側になろうという挑戦は、大いに結構だ。

しかし、僕を驚かせるようなスケールの大きい若者は、まだ現れてはいない。

ワールドカップの南アフリカ大会では、20歳そこそこの若い選手の活躍が目立った。ドイツ代表のメスト・エジルとトーマス・ミュラーなどは代表格だろう。日本代表では、24歳の本田圭佑が大ブレイクした。

彼らの才能は認めるけれど、特に感動的な存在ではない。能力が優れている若い選手は、彼らの後にも続々と現れるに違いないからだ。せいぜいスター選手のピーク時期を見られてよかったな、という程度の感覚ではないかと思う。

ビジネスの世界での若者のパワーは、全体的に弱まっている感がある。

もしかしたら、これは僕がオヤジになりつつある証拠なのかもしれないが、ここだけは言わせてもらいたい。

「こいつはなんて壮大な事業を考えてやがるんだ！」と、感動させてくれる下の世代の人間がいない。最初は、おっ⁉︎と思わせるプロジェクトを立てていても、すぐに底の浅さを露呈させてしまう。

前代未聞の斬新なビジネスですと、堂々と胸を張って言われても、たいていが誰かがやっていたことのサンプリングみたいな商売だ。

それが悪いことだとは言わない。先にも述べたが、まったく新しいアイディアなど、もう出てくるはずがないのだ。誰かのマネであっても、否定されるものではない。

とはいえ、このスケールの小ささが非常に気になってしまうのだ。

若手の政治家も同様だ。

彼らは、あれこれ国政について熱弁はする。だが、「自分を総理大臣にしてくれたらすぐに日本を変えてみせる！」と、具体的な方法を示しつつ将来のビジョンを語る議員に、僕はひとりも会ったことがない。

本来なら30代ぐらいで「あと5年で総理大臣になるプランを、細かく立てています」と、豪語する者がいてもおかしくない。というか、いないとおかしいと思うのだが。ほとんどが

60歳過ぎまで議員を大過なく続けて、うまいこと大臣クラスのイスが上から降りてくるのを、指をくわえて待っている。総理を目指すのは、その後の話だ。

いつからこの国は、こんなに小さな人間ばかりになったんだろう？

突拍子もないプランをぶち上げて、それを実現するためにすべてを犠牲にして突っ走ってやる！という、ドラマの主人公みたいな人が、いなくなってしまった。

僕がいま手がけている宇宙事業だって、世界規模で見れば目標は小さいのだ。

「個人で宇宙を目指そうなんて発想、普通の人は思いつきませんよ！」と驚かれることもあるが、僕の実感としては圧倒的に遅れている。

30年も前に『2010年宇宙の旅』を生み出したアーサー・C・クラークとスタンリー・キューブリックの頭脳の中では、もうとっくに、人類は木星に着いている時代のはずなんだ。いかに彼らが飛び抜けた天才作家だったとはいえ、人の創造を現実の科学は、ちっとも越えられていない。正直、僕の事業がまだロケットエンジン開発の段階なのが、歯がゆくてならない。

宇宙事業は僕に任せておけばいい。いつかひとりで、必ず実現する。

僕より若い世代は、もっともっと大言壮語してほしい。

今はバカにされているけど、もし実現されたら世界中がひっくり返りそうなプロジェクトを、自分の力で見つけてほしいと思う。

実は世間は、安住の場所を大切にするくせに、そういう枠をぶっ壊す爆弾みたいな人物の出現を待っているのだ。

本当に突破したスポーツ選手は王貞治だ

枠を突破した若者として、海外で活躍したスポーツ選手を尊敬する人もいるが、どうだろうか。

イチローや松井秀喜にしても、彼らの残した成績は称賛されるべきものだし、大変な努力をしたに違いないのだが、彼らは生まれつき持っている才能の内蔵量が、常人とはケタが違うと思う。

また、さまざまな意味でイチローも松井も、ポテンシャルは臨界点に達しつつあるだろう。もちろん、何らかの方法で、彼らは別次元へ突破する可能性も感じさせるのだが……それは豊富な才能に拠《よ》るところが大きい。

本当の意味で突破したスポーツ選手は、王貞治さんだけではないだろうか。

王さんは天然の人ではない。どちらかというと理詰めで生きているタイプの人だ。

長嶋茂雄さんのように天然タイプの人は失敗しても、どういうわけか世間から許される。しかし王さんのような理詰めの人は失敗すると、激しくバッシングを受ける。そうした意味では、野村克也さんや僕などは、典型的なバッシングされる側の人間だ。

まして王さんは日本人ではないというハンディもあった。それでも、あらゆる努力をして国民栄誉賞を授与され、名監督として永く尊敬されている。30代後半になれば、競技の第一線から追いやられてしまう野球人という職業で、あそこまで突破できた人は、他にいないだろう。

中田英寿も若い世代を中心に人気は高いが……彼の引退後の活動には疑問を感じざるを得ない。海外を巡り、いろいろ勉強して、慈善事業に積極的に関わろうとしているようだが、正直なところ、いまさら？と僕は思う。

30歳前後で、そういう行動を始めるのが遅いというわけではない。ヒデがやろうとしているプランは、もう何年も前にビジネスとして成立しているもので、今後、世界を変えるようなパワーはないように思うのだ。

彼ほどの頭脳と知名度があれば、もっと別のチャレンジをした方がいいと思うのだが……

まあ、大きなお世話だろう。

ただ、夢を抱くなら、自分の内なる欲求よりも、他人をあっと驚かせることに軸を置いた方が、夢を追う道程が楽しいのではないだろうか。

結婚式3ヶ月後の離婚

隠しているわけではないが、僕は27歳のとき一度結婚している。

子どももいる。世間で言う、バツイチの独身だ。

結婚否定論者の僕がなぜ、結婚したのか？　答えはシンプルだ。当時、つきあっていた彼女に子どもができてしまったからだ。

その頃、僕は多忙を極めていた。会社が上場直前で、通常の業務以外に社員間の意見の調整にも努めねばならなかった。当時は社員が30人から100人ほどに膨れ上がっている時で、古参の社員の多くは上場に反対していた。

30人ぐらいの会社では、社員はファミリーのような感覚を持っていて、社長を頼れる父親みたいに思っていることが多い。彼らは守られている立場のくせに、経営にも参加しているような顔をして、不満をたらたらぶつけてくる。こっちは上場に向けて突っ走りたいのに、古い社員たちは好き勝手なことを言って、さんざん振り回された。結局、上場反対派の主要な社員が10人ぐらいごそっと辞めてしまって……ほとほと疲れてしまった。

最も精神的に落ちていた時期だ。そんな時、ふっと気が抜けて……避妊を怠ってしまった。妊娠した元妻は、当然のように「結婚するんだよね？」と迫ってきた。まあ、僕は正直どうでもよかったのだが、子どももできたことだし、特に断る理由もなかったから入籍を了承した。

一時、彼女は出産のために実家に帰った。自分が動けないので、婚姻届を「11月22日に出しておいて」と頼んできた。でも僕は仕事が忙しくて、11月22日に役所に行けなかった。すると彼女は「せっかく〝1122＝いい夫婦〟の日の語呂に合わせようと思ったのに！」と激怒した。どうでもいいじゃん、そんなの……。

彼女は、次は12月2日にしようとか言い出したけど、それも忙しくて役所に行けなくて、結局は何の記念でもない12月8日に入籍した。いったい何にこだわっていたんだろう？

家を新しく買って、新婚生活をスタートしたのだが、さまざまな場面で我慢を強いられた。買い物は夫婦一緒にだとか、食事の時間を合わせろだとか、朝は決められた時間に起きろだとか、細かいことを取り決められる。ケンカするのがしんどいので、なるべく言われる通りにしていたのだが……家事については、意見が最後まで合わなかった。

僕としては「ハウスキーパーを雇って、掃除も料理も洗濯も全部やらせたらいい」という考え方だったけど、彼女は激しく拒否した。「よその人に台所を触らせるなんて」とか「そんな贅沢したらいけない」とか、そんな理由だった。

いわゆる「妻が家事を預かるべき」という日本の古い道徳側の意見を持ち出されると、話し合いにもならない。

互いの時間も有効に使えるし、お金にも余裕があるんだから、家政婦の雇用を生み出すことにもなる。いいことしかない。僕は延々と説得を重ねたが、彼女が折れてくれることはなかった。

何より理解できなかったのは、僕の稼いだお金の管理をすると言い出したことだ。

妻が夫の財布を預かるのは当然という顔をして言うのだが、バカじゃないのかと思った。僕が当時、何億円を動かしていたと思うんだ？　家計簿もろくにつけたことのない一般の女に、管理できるわけがないだろう。

子どものために学資保険に入るという彼女のプランも衝突のひとつだった。日本の学資保険なんかに入って、何の得があると思っているんだ。たぶん親とかが、そうやって子どもを育ててきたから、学資保険は頼れるものだと思い込んでいたのだろう。

さらに僕にも生命保険に入れなどと言い出して、こりゃダメだ……と絶望的な気持ちになった。

どうも女性というのは、結婚した瞬間から、夫の人生を管理することが職務となり、それを成すことが喜びに変わるらしい。そしておしなべて、家が大好きだ。家を自分の領域にしてしまって、他人に入られるのをひどく嫌う。夫の稼ぎは家全体の稼ぎだと信じて疑わない。どうして、そうなるんだろうな……。

驚いたことに、疑問も持たずに、そんな妻に従っている夫の方が多いのだ。

妻に管理される人生なんて、思考停止の最たるものだと思うけれど、そこに幸せはあるのだろうか？

妻の言いなりになっている夫は、ほぼ間違いなくオヤジ化が進行する。僕も結婚している頃はそうだった。肌ツヤはなくなり、髪型もぼさぼさ、着るものにもまったく気を使わなくなってしまった。腹は出て、ため息が増え、疲れやすくなった。家に帰るのが、本当に億劫になった。

結婚なんてしなきゃよかった……肩を落とす日々だった。

やがて子どもも産まれて、ちょっと遅めの結婚式も、渋々と挙げた。

しかし、彼女との考え方の溝は埋まることがなく。

結婚式の3ヶ月後に離婚した。

わずか2年ほどの短い結婚生活だった。

それ以来、いろいろな女の子と交際したが、結婚したいと思ったことは一度もない。

逆境を抜け出すには寂しさと向き合え

離婚した直後は、本当に寂しかった。

人生で初めて体験する、最強の孤独だった。

住んでいたのは一軒家だったので、妻子の出て行った後の空間は、残酷なほど広い。まだ小さかった子どものオモチャや写真なんかが残っていて、よけいに寂しさが募る。もともとひとりで生きていくのに抵抗はなかったはずなのに、一度でも持った家族を失うと……こんなに寂しいのかと。

離婚はすっきりするかと思ったのに、予想外にめげてしまった。

寂しさを紛らわすのに、適当に知り合った女の子を連れ込んでセックスしたり、友達を呼んで騒いだり、いろいろやったけど、虚しいだけだった。

ひとりでポツンと広いリビングで食事をとるのが嫌だから、しょっちゅう外食した。

近所のバーには離婚直後は毎晩、通っていた。バーのマスターからかけられる「堀江さん、ここんところ皆勤賞ですね」という言葉が、痛かった。悪意はないのだろうけど、孤独をさらに突きつけられる。

意外と家族っていうのも、楽しかったんだな……と、バーで酒をあおりながら、しんみり思ったりもした。

こんなに自分は孤独に弱いのかと、自己嫌悪にも陥った。

寂しくて、辛くて。

ひたすら孤独に耐える生活が1年ほど続いた。

すると――。

「いつまでも落ち込んでいちゃダメだ！」と、奮い立ってきたのだ。

その後、ダイエットに励んで10キロちょっと身体を絞った。ほどなく家を手放して、新しい彼女もできて、仕事にも張りが戻ってきた。

そして30歳をちょっと過ぎた頃に近鉄バファローズ買収を思いたち、メディアに露出し始めることになるのだ。

僕は、逆境に強いんじゃない。

真面目に、寂しさと向き合ってきただけだ。

失敗から抜け出せない、負のループが止まらないという人の多くは、寂しさへの耐用力が弱い。寂しいのが嫌だから、家族や仲間に寄りすがって、救いを求めてしまう。

仲間は一時の寂しさを紛らわすかもしれないけれど、壁を壊してはくれない。

もし本気で、負のループを断ち切りたいのなら、まず自分の孤独と真剣に向き合うべきだ。

僕の場合は案の定、それで痛い目に遭っている。離婚後、何気なく開けた机の引き出しから、もう家に帰ってこない子どもの笑顔の写真が出てきた時の寂しさは、言葉では言い表せられない。

でも僕は、寂しさを受け入れて、立ち直った。

逆境だった孤独が、そのうち気にならなくなった。

逆境は我慢と、あがくことでしか乗り越えられないことを知っている。

また、そうしていれば、いつか必ず乗り越えられることも知っているのだ。

僕はそもそも、逆境から「死んで逃げる」という発想をしない。死ほど怖いものはない。人生が苦しいから自殺するという人の考え方が、僕にはまったく理解できない。もっと言えば、死ぬほどの絶望に遭っていない。

離婚直後の孤独も、ライブドア事件の直後も、頭がおかしくなるぐらいの辛い時期を過ごしたけれど、首を吊ろうとは少しも思わなかった。

妙な言い方かもしれないが、どん底に落ちている自分を、どこかで楽しむ、もうひとりの自分がいるのだ。

ライブドア事件の頃、僕には長くつきあっている彼女がいた。本当に美人で性格のいい子で、僕の裁判までの処遇がどうなるのか真剣に心配してくれた。まあ、いろいろあった時期なので別れてしまったのだが……「なんであんなに良くできた女性と別れるんだ?」と、検察官にも言われたほどだ。この時も相当めげたけれど、「もっと上の女を目指せという運命だ」と、自分を奮い立たせた。

社会通念的には不誠実な男だと責められるだろう。だが、見果てぬ高い場所へ行きたいのなら、どん底でのたうって、大切に大切に守ってきた宝物を捨て去る勇気も必要なのだ。

もちろん彼女を失ったという苦しみは、いつまでも引きずった。

しかし、その苦しみは次のステップへの原動力だった。

自己否定をとことん繰り返せば突破できる

昔は、金もなくてモテなかった。

でもそこで「モテない俺を楽しんでやる！」と、モテなさをとことん受け入れた。すると不思議と、ぽつぽつとモテ始めてきたのだ。

人は僕のことをポジティブ思考だと考えているようだが、実は正反対だ。

僕ほどネガティブな男は、そういないだろう。

モテなくて、孤独で、仲間を大事に思わず、議論好きでウザがられて……自分を否定する要素は、いくらでも挙げられる。

こんなダメさを、どこまでも極めてやるというつもりで、僕は何度も、徹底的に自己否定した。

元の妻子と会える機会を蹴ってみたり、たまに届く可愛い女の子からの誘いのメールにも一切応じず、わざと自分を孤独に追い込んだ。

孤独に耐えて、ひたすら耐えて――。

すると奇跡のように、苦しい心を突破できたのだ。

人生を下がって、どん底のさらに下まで、落下し続けると何かが見える。

突き抜けるのは、何も上だけではないのだ。

壁を突破するのは、地面の下からでも可能なのだ。

ライブドア事件の直後、もし心が突破できなかったら、僕はまたＩＴビジネスで再起を図っただろう。けれど突破できた僕はもう、以前のビジネスにまったく興味はなかった。

人間関係をすべて新しくして、ゴルフに打ち込み、長いこと夢であったロケット開発に事業を絞ることにした。

大学受験の時も似ている。高校時代の僕は、とても東大に合格できるような成績ではなかった。模試はＤ判定ばかりで、教師にも同級生にも東大受験は「無謀すぎる」と失笑されたものだ。けれど僕は、そんなダメな評価をすべて受け入れ、すべり止め受験を一切せずに東大一本に絞った。そして現役で合格できたのだ。

退路を断つ、というのはそういうことではないだろうか。

脱皮したければ、自ら苦しい状況に追い込んで、耐え抜かねばならない。

僕はそうやって、脱皮してきた。

これからも脱皮するために、自己否定を繰り返すだろう。

25歳の君へ
28歳の君へ
32歳の君へ
35歳の君へ
38歳の僕へ

でもそれが、本当の意味での突破なのだと思う。
突き抜けてしまえば、以前の寂しさや苦しさなんて、ただの昔の思い出だ。
突き抜ける快感を知れば、怖いものなんて何もない。
一時の安心を求めて、家族や仲間に寄りかかっていたらダメだ。
ネガティブでもいい。
突き抜ければ、倫理や道徳に縛られない、自分の人生を歩み出せるのだ。

福本伸行×堀江貴文

対談

「これから」を生きる君へ

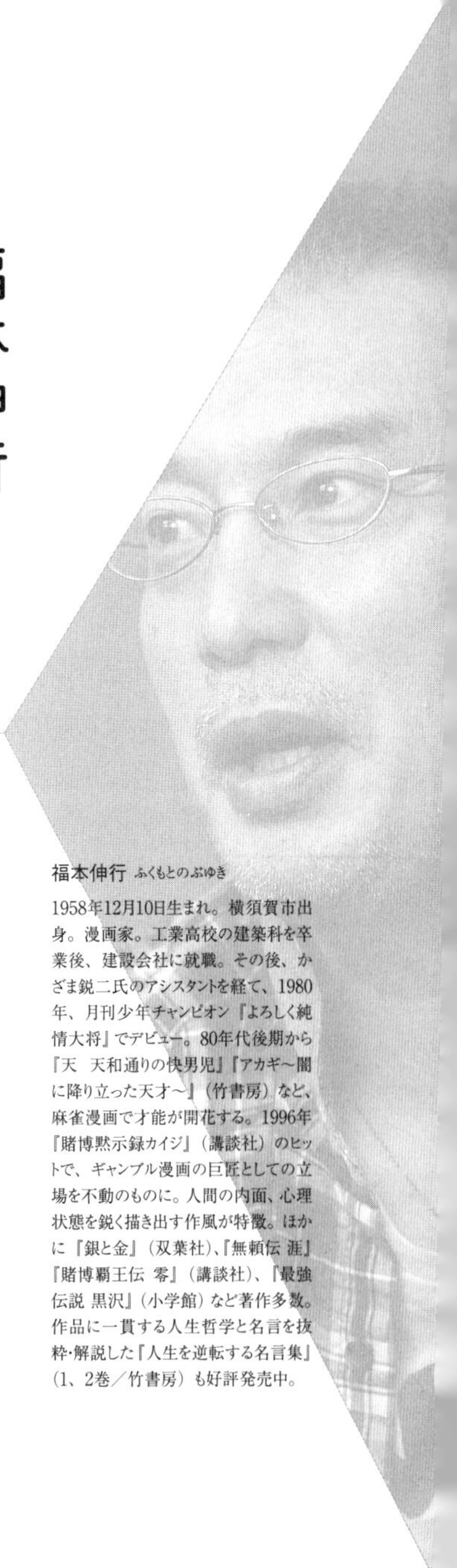

福本伸行 ふくもとのぶゆき

1958年12月10日生まれ。横須賀市出身。漫画家。工業高校の建築科を卒業後、建設会社に就職。その後、かざま鋭二氏のアシスタントを経て、1980年、月刊少年チャンピオン『よろしく純情大将』でデビュー。80年代後期から『天 天和通りの快男児』『アカギ〜闇に降り立った天才〜』（竹書房）など、麻雀漫画で才能が開花する。1996年『賭博黙示録カイジ』（講談社）のヒットで、ギャンブル漫画の巨匠としての立場を不動のものに。人間の内面、心理状態を鋭く描き出す作風が特徴。ほかに『銀と金』（双葉社）、『無頼伝 涯』『賭博覇王伝 零』（講談社）、『最強伝説 黒沢』（小学館）など著作多数。作品に一貫する人生哲学と名言を抜粋・解説した『人生を逆転する名言集』（1、2巻／竹書房）も好評発売中。

堀江　福本さんとお会いするのは今日が初めてですが、いろんな武勇伝は聞かせてもらっていますよ。

福本　あはは！　武勇伝なんてないですよ。誰から聞いたの？

堀江　漫画家の方で何人か、知り合いがいるんです。佐藤秀峰[※1]さん、山本英夫[※2]さん、三田紀房[※3]さんとか。西原理恵子[※4]さんにもお会いしましたよ。

福本　まるっきり、俺の人脈じゃん（笑）。

堀江　そうなんですよ。だから、いままで福本さんにお会いしなかったのが不思議なぐらい。

福本　俺の漫画では、何を読んでいました？

堀江　麻雀に思いきりハマっていた時期、「近代麻雀[※5]」の愛読者だったんです。『天　天和通りの快男児[※6]』『アカギ〜闇に降り立った天才〜[※7]』とか、福本さんの麻雀漫画の主なところはだいたい読んでいました。

福本　ありがたいですね。

堀江　でも実は、クセの強い絵に対する抵抗がずっとあって（笑）、そんなに熱心なファンというわけでもなかったんです。最近はもう年齢のせいか、すんなり受け入れられます。ついこの前も、『最強伝説　黒沢[※8]』を読み始めました。

福本　ありがとうございます。

堀江　本当にたまらない作品ですね。44歳独身で誰からも愛されない建設作業員という設定……黒沢の孤独や悲しみには、僕も共感します。

福本　あなたは正反対の人生じゃないの？

堀江　いやいや。ライブドアが大きくなっていく直前は、僕も本当に孤独でした。毎日忙しくて彼女もいなくて、心の平安がまったくない。ふと気づいたら、週末はポツンと家でひとり。あの頃の孤独感と虚しさは、黒沢と同じでしたよ。

福本　うーん。たぶん黒沢の孤独感とは、だいぶ差があるような……。

堀江　社会的立場は、たしかに恵まれてはいましたけど。僕の中にあった、言葉にしがたい絶望感みたいなものは黒沢とリンクしますね。たぶん黒沢の何千倍も、お金はありましたよ。

1　漫画家。代表作に『ブラックジャックによろしく』『海猿』など。
2　漫画家。代表作に『殺し屋1』『ホムンクルス』など。
3　漫画家。代表作に『クロカン』『ドラゴン桜』など。
4　漫画家。代表作に『まあじゃんほうろうき』『ぼくんち』など。
5　竹書房刊行の麻雀劇画誌。
6　1989〜2002年「近代麻雀ゴールド」連載の麻雀漫画。単行本全18巻。福本伸行の出世作。
7　1992年〜「近代麻雀」で連載中。『天　天和通りの快男児』の登場人物・赤木しげるを主人公としたスピンオフ作品。麻雀漫画史上、最大のヒット作。
8　2003〜2006年「ビッグコミックオリジナル」連載。単行本全11巻。建設現場で働く独身中年男・黒沢が「人生を変えたい」と苦闘する日々を描く。

でも、「いつか黒沢みたいな人生になるかもしれない……」という危機感みたいなのは、絶対に消えませんでした。

福本 堀江さんのような人が、そう思っていたとはね。意外ですね。

堀江 今でも心のどこかにありますよ。

福本 『黒沢』は、すごく普遍的な話ですからね。仕事や人間関係がうまくいかなくて、ドツボにはまる恐怖を呼び起こす。どんなお金持ちでも、感じ入る部分はあるでしょう。

堀江 1巻のアジフライのエピソードとか……切なすぎますよ。あんな切ない話、描かないでくださいよ。

福本 あははは！

怒りの〝質と量〟

福本 俺が堀江さんに持っていたイメージは、決して悪くないの。『朝まで生テレビ』に出演された回を見ましたが、堀江さんが一番まともなことを言ってるじゃんって。

堀江 そうでしょう？（笑）あの番組、変なこと言う出演者が多すぎるんですよ。極端に話がつまんなかったり。

福本　堀江さんはトークが上手いだけじゃなく、抜群にクレバーだよね。世間の人が当たり前に受け止めている常識とか制度に、「それは変でしょ」と疑問を突きつけたのはすごい。ライブドア事件では法的に問題視されたけれど、ベースの部分では何も悪いことしていないと思う。世間の反感を買ってでも、思うままに突き抜ける感じが爽快だよね。

堀江　昔から、そういう人生なんです。幼稚園の頃から変わってません。

福本　ずいぶん早いですね。

堀江　小学生になると、疑問を呈したり、議論をふっかけると、だんだん周りからウザがられてくる。「堀江くんは面倒臭い子だ」と思われて、次第に友達も減っていきました。

福本　いじめられたりした？

堀江　それはなかったですよ。基本的に口ゲンカでは無敵なので、番長グループも「ややこしいから、堀江にはかかわるな」みたいな感じで、近寄ってこないから。でも気づいたら口応えをしない、無口な男子のグループに所属させられていました（笑）。おかしいと思ったら、何でも口に出して問い詰める。それは中学、高校とずっと変わりませんでしたね。

福本　普通は学年が上がると協調性を出して、丸くなっていくものだけどね。

堀江　全然。教師にも、僕は和を乱す協調性のない生徒に見られていたと思います。だから当時からすれば、会社の社長なんて絶対にできないと思っていました。

福本　逆に、企業の社長は協調性を無視して、好きなことを言える立場なんじゃないの？

堀江　それは経営を始めて、気づきましたけどね。数字を出しておけば、特に周りから責められることはないし。ライブドア時代もかなり社員と議論にはなりました。

福本　社員に理不尽な文句を言うだけだったら裸の王様だけど。堀江さんはちゃんと結果を出していたから、裸にならずに尊敬されていたんじゃないかな。

堀江　どうでしょうね。真面目に話を聞いてくれる社員もいましたけど。なにしろ、議論しだすと僕は止まらない。朝まで役員討論会とか、平気でやっていましたから。当時は小飼弾[※9]という、僕と同じくらい面倒臭くて（笑）話しだすと止まらない人もいたから。普通の社員はかなりしんどかったと思いますよ。

福本　堀江さんは我慢強いのかな。

堀江　そんなことないです！　めちゃくちゃキレやすくて困っています。つい先日も、ちょっといい感じだったキャバ嬢の女の子にブチギレしましたから。僕の友人が店でバカやって、その女の子が怒っちゃって。シャレで済ませりゃいいものを、わりと本気モードで怒り始めたんですね。それで僕が、「お前、こっちは毎日のように、店に来てお金を落としているのに、その態度はなんだ！」って、ガーッとキレちゃった。

福本　大人げないなぁ（笑）。

堀江　まさに（笑）。しかも酔っ払っていて、あんまり記憶がないですから。そんな感じに瞬間沸騰する場面が今でもあって。38歳の大人らしく、怒りを制御しなきゃなぁとは思っています。

福本　怒るときに、堀江さんなりの正義はあるんだよね。

堀江　もちろんです。僕の正義に対して、ありえない論理で反論するヤツがいると、周りの空気を考えずに「ふざけんな！」となりますね。

福本　気持ちはわかりますよ。俺も怒りっぽいとこあるから。

堀江　そうですか？　すごく温厚なイメージですけど。

福本　いやいや。担当編集者が俺の仕事でヘマをしたときは、ちゃんと怒る。筋の通らないことが嫌いで、そういう時はつい怒ってしまう。でもある時、怒りには〝質と量〟が大事なんじゃないかと気づいたんです。

堀江　怒りの〝質と量〟……。初めて聞く考え方ですね。

福本　怒るときは、絶対に怒るべきだよ。ただ、本来であれば10ぐらいの怒りで抑えられるようなヘマに対して、１００以上の怒りをぶつけるのはやり過ぎで……。それは避けるべき。

9　ライブドアの前身「オン・ザ・エッヂ」元取締役でプログラマー。書評を題材とする人気ブログ「404 Blog Not Found」で知られる。

堀江　僕は常に、100以上でぶつけてしまいますね。

福本　それだと、別の怒りも湧いてくる可能性があるわけ。「今はこの件で怒っているけど、あのときも同じヘマがあったよな！」って、昔のことまで引き出してしまったり。不思議なもので、怒りは過剰になると、何に対して怒っているのか、わかんなくなってきちゃう。しまいには自分にも腹が立ってきて。それは、なんか本末転倒じゃない。100以上の本気の怒りは、怒ることで問題が誠実に解決される人生の大事な場面で、ごく時々あればいい。

堀江　すごい大人の発想ですね。僕は正直まだ、その境地には至れません。

福本　あと、怒るというのは自分が正しいと思っているわけでしょ？　それは他者に対して、ひどく傲慢なことなわけで。そう思ったら謙虚になったというか、怒りにある程度、歯止めがかかるようになった。

堀江　こと女の子には、僕は怒ってばかりですよ……。

福本　デートの遅刻とか？

堀江　許せないですね。いや、というかクサります。「俺のこと、本当は好きじゃないんじゃないか……」とか。

福本　たしかにあなたを好きだったら、時間は守るよね（笑）。

堀江　でしょう？

福本　好きな場所へ旅行に行くとき、人は必ず飛行機の時間を守るように。

堀江　あ、僕はけっこう飛行機に乗り遅れます。

福本　そうなの⁉

堀江　何度も、自分の搭乗便を見送った過去があります。ロスに行くのに、ハワイ経由で行かざるを得なくなったり。

福本　頭はいいのに、意外と詰めが甘いんだね（笑）。

競馬で黒字を出すのは確実に可能。しかし……

堀江　あんまりそう思われないですけど、僕はくよくよするタイプなんですよ。ちょっといいなと思ってる女の子からメール来ないだけでも、悩んでしまう。しまいには「俺なんてダメな男じゃん……」といじけだす。〝いじけ力〟は、かなり強い方ですね。

福本　そうですか。本当は〝いじけ〟って一番ダメなんだけどね。俺はいじけるのだけはやめよう……って思ってきた。

堀江　いじけるのも、突き抜ければいいんですよ。くよくよスネてる時間って、基本的に孤独でしょう。友達との連絡も断っている。そこで真剣に自分と向き合って、自分のなすべきことに没頭すれば、壁を突破できることがあります。マイナスにマイナスを掛ければ、プラスになるように。僕は今までそうやって、仕事でも恋愛でもたくさんの壁をクリアしてきました。

福本　堀江さんは、他人の力を必要としていないんだね。仲間とか上の人に、引き上げてもらおうと思ってない。

堀江　たしかに。自分以外の力をあてにしたことはありません。

福本　一番いじけていた時期はいつ頃？

堀江　大学に入ったばかりの20歳ぐらいの頃です。競馬にハマり過ぎて、友達をすべて失いました。競馬漬けの毎日で、頭の中は馬券の必勝法ばかり、こんなんで将来まともに暮らせるようになるのかなと……。でも、あれほど真剣にひとつのことにハマったおかげで、いろんな成功体験もありました。当時、パソコンのソフトで万馬券を出しまくるソフトがあったんです。それを利用して、２本ぐらい10万馬券を当ててました。

福本　すごいね！

堀江　あの頃、馬券の買い目予想は、急速にパソコンの方に移行していったんです。いま競馬の上手い人は、ほとんど予想ソフトで買い目をそろえて、オンラインで自動的に馬券を買っていますよ。

福本　そんな時代なんですねー。でも昔と変わらず、馬券好きな人は真面目に働いてなさそう（笑）。

堀江　いいんじゃないですか。基本的には、競馬で赤字は出ませんから。

福本　ほうほう。

堀江　本気になれば競馬で生活できます。ただ厳密に言うと、競馬の払戻金は一時所得に当たるので、20パーセントぐらいの税金がかかるんです。しかも総合課税だから、勝ったレースにだけ税金をとられるわけじゃなく、負けた分もしっかりとられます。

福本　それはひどいね！

堀江　公営ギャンブルの税徴収システムは、えげつないですよ。宝くじとかパチンコも、結局は国がまるごと儲かるシステムになっている。

福本　馬券をパソコンで買っていると、万馬券を出した人とか、絶対にわかっちゃうものね。課税は逃れられない。

堀江　税金のことを真面目に考えたら、競馬はあんまり割に合わないです。馬券を当て続けて馬主になった人もいますけど、まあその程度ですよ。それなら事業を起こして、お金をたくさん稼いだ方が断然得でしょう。

日本に生まれたことが、サイコロの出目では「6」

福本　堀江さんは世間をにぎわせているような事件とか、ビジネスについて質問されることが多いでしょ。

堀江　そうですね。最近はよく「AKB48をどう思うか？」って訊かれます。

福本　あはは。何て答えてるの？

堀江　まあ、すごいビジネスモデルですよ。日本の音楽業界全体が傾きかけているのに、ほとんどひとり勝ち状態でCDを売りまくっている。秋元康[※10]さんのマーケティングの才能は、あらためて偉大だと思います。集金システムはえげつないですけど（笑）。CDの握手券や人気投票権の封入なんて、すごいアイディアです。ファンにお金を出したい気持ちを起こさせる、見事な商法ですね。昔はＡＫＢ48劇場[※11]にガチャポンがあったんですよ。当たりは一日劇場の支配人をできる券とか。

福本　嘘でしょ？

堀江　本当ですよ。そのうちコアなファンは、面倒臭いからとガチャポンの中身を全部まとめて買いだして。さすがに、いまはガチャポンはやってないらしいですけど。セブン-イレブンとのタイアップも、大変な売り上げだったと聞いています。ＡＫＢ48というブランドをわずか数年で、あれだけ高いバリューに持って行けたビジネスは、高く評価すべきです。

福本　俺には正直よくわかんない世界だけど。あなたみたいな経済のスペシャリストを感心させるぐらいだから、すごいんだろうね。

堀江　そんなスペシャリストってわけでもないですよ。よく人からは、堀江さんは『銀と金』[※12]の平井銀二[※13]みたいですねと言われますけど。

10　放送作家／作詞家／映画・テレビ・音楽プロデューサー。現在はＡＫＢ48、ＳＫＥ48などの総合プロデュースを行なう。

11　秋葉原にあるＡＫＢ48専用のライブハウス。ほぼ毎日公演が行われている。

12　１９９２〜１９９６年「アクションピザッツ」連載。単行本全11巻。アンダーグランド社会を生きる男たちによる、株の仕手戦、ギャンブル勝負などを中心に描いた作品。

13　『銀と金』の主人公で裏社会のフィクサー。日本の経済界を支配することを目論み、独特の哲学を持つ。

福本　なるほどね。

堀江　あんな悪党でもないよ、とは思っていますけど（笑）。

福本　前に堀江さんの小説『拝金』を読みました。あの主人公[※14]か、〝オッサン[※15]〟は、たぶん堀江さん自身だよね。

堀江　そうですね。僕の性格を極端にふたつに分けて、主人公とオッサンに振り分けました。少し前の経済界は、本当にオッサンそっくりの人が、いっぱいいいたんです。仕事もろくにしてないのに金だけはうなるほど持っていて「会社の上場が最終目的だ！」とか気炎をあげているのに、上場したら燃え尽きて、元気なくなっちゃって……みたいな。そういう何がしたいのかよくわからない大人たちを、僕はシニカルに観察してバカにしていました。でも一方で、あの人たちみたいに成功したい、金持ちになってチヤホヤされたいという俗な自分もいて。相反する感情が同居していた僕の青春を二分割して、ストーリーを練り上げました。

福本　相反するふたつの軸は、まさに『銀と金』の構図ですね。

堀江　最初にあの漫画を読んだとき、まったく違う思想が同居して成立している世界というのが僕自身と重なるようで興味深かったです。

福本　だいぶ前の作品を褒めてもらえるのは嬉しいですね。

堀江　昨年、映画『カイジ　人生逆転ゲーム[※16]』も観ましたよ。カイジ[※17]は大変な窮地に追い込まれますが、ギャンブルに天才的な集中力を発揮して、大逆転します。でも最後には数十万円の端金だけ持って、また元のダメな人生に戻っちゃいますよね。あれは、なぜなんでしょう？　彼は自力で突破したんだから、もっと裕福な人生を送ってもいいと思ったんですけど……。

福本　何というか、俺の実感としてあるんですよ。どんなに目の覚めるような一発逆転を打っても、人間って本質的にはそう簡単に突き抜けられないよなぁと。いろんなところで言っていますが、俺は若い頃、海外旅行にハマりました。といっても安宿を渡り歩く貧乏旅行ですけど。旅先では、見ず知らずの人から受ける優しさが、本当にありがたかった。それに感激して、「日本に帰ったら、もっと他人に優しい自分になるんだ！」と心に誓うんだけど、帰国すると一週間もしないうちに、他人に優しいどころか、ろくに挨拶もできない以前のダメな自分に戻っちゃう。体験することで人生観は増えるかもしれないけれど、人間そのものは簡単には変わらないんだよ。

14　『拝金』主人公・藤田優作。年収200万円のフリーターから携帯ゲーム事業で起業し、あらゆる金融技術を駆使して成功を目指す。
15　作中で藤田の指南役として登場する謎の中年男、堀井健史。
16　福本伸行の代表作『賭博黙示録カイジ』（1996～1999年／週刊ヤングマガジン連載）を原作とした2009年の劇場公開作品。
17　『賭博黙示録カイジ』シリーズの主人公・伊藤開司。

堀江　なるほど。

福本　カイジのように、追い詰められたところで意外な能力を発揮するのって、実はそんなにたいしたことじゃないと思うんです。普段、どれだけのことが、当たり前にできるかっていうのが大事なわけで。イチローがすごいのは、30代後半になっても強靭な身体を維持して、淡々とヒットを量産しているところでしょ。俺も、だらしないところはいっぱいあるけれど、30年間漫画をコツコツ描き続けている一点だけは、胸を張っていられる。

堀江　福本さんは好きなことを仕事にできたという強みもありますよね。

福本　日本は努力さえすれば、それは可能な国ですよ。若い人はろくな仕事がないとか正社員になれないとか、いろいろ不平があるだろうけどさ。サイコロの出目でいえば、日本人に生まれたというだけで、最初から6を出しているようなものじゃない。一杯の美味しいラーメンをつくれれば、サラリーマンより多い収入を得られるチャンスのある国なんだから。

堀江　秋元康さんぐらいの才能がなければ絶対に成功しない、というわけじゃないですからね。

福本　その通り。サイコロで6を出しているんだから、スタート時点はそう悪くはないはず。あとは努力次第だよ。

堀江　だけど努力してないラーメン屋も、ありますよね。

福本　ああ、ありますね。

堀江　六本木にもあったんですよ。店主がいかにもやる気がなくて。案の定、ラーメンがマズい。だけど、不思議とチャーシューだけは抜群に美味しいんですよ。

福本　へえ、変わってるね。

堀江　「チャーシューだけ持ち帰れませんか？」と聞いたら、そう聞く客が多いらしくて。1ブロック1500円だったかな。すぐ売ってくれました。すると店の前に〈チャーシュー売ります〉の張り紙が出るようになって。クリスマスやおせち料理の時期は、チャーシュー販売だけで、けっこう繁盛していたみたいですよ。

福本　でもラーメンは……。

堀江　ずっとマズいまま（笑）。

福本　チャーシューに注ぎ込む情熱を、なぜラーメンにも注がない（笑）。

堀江　やはりというか、その店はつぶれましたけど。企業努力するにしても、間違った方向に努力しちゃった例として、妙に印象に残っています。

あらゆる業界に見えない構造がある

堀江　僕はこの本で、情報弱者になってはいけないと提唱しています。情報を得ている者だけが、未来に生き残れる。もっと言うなら、人生の不安を消し去るのは情報しかないと。

福本　わからなくもないけど、具体的にはどういうことだろう。

堀江　僕の友人で、英語もろくに喋れないのにカナダで寿司屋レストランを開いた男がいるんです。失敗するかと思ったら、押すな押すなの大繁盛で、今や星ランキングでも地元ナンバーワンの店になりました。

福本　へえ。よっぽど美味しいんですかね。

堀江　まあ、美味いといえば美味いんですが。カナダ人に合わせた創作寿司ですよ。マヨネーズでごちゃごちゃにあえたような寿司が平気で出てくる。正直、別に食えないわけじゃない程度のレベルです。だけど実は寿司より人気なのが、サイドディッシュのイカのフリッター揚げなんです。これがものすごく美味い。なんでかというと、小麦粉がいいんですね。

福本　いいのを仕入れてるんだ。

堀江　じゃなくて、普通にそれがスーパーで売ってるんです。カナダは国土が広いから、小麦粉に余裕があるんでしょうね。最上質の小麦粉が、その辺の店の棚に並んでいます。でも日本ではスーパーに並ぶような小麦粉は、いちばんランクが低いんですよ。

福本 それはメーカーがわざとやってるの？

堀江 そうです。日本では、いい小麦粉は優先的に大手のパン業者や製麺業者に卸しています。パン屋で買うパンは、時間が経っても美味しいでしょ。小麦粉が市販品と違うからですよ。製粉業界には、昔から裏の掟みたいなのがあって、それを守っていればいい小麦粉が回ってくる。だからパン屋って、あんまり潰れないでしょ。

福本 なるほど。2代続けてパン屋みたいな店はけっこうありますよね。

堀江 僕はたまたま小麦粉をネットで販売する事業もやってたから、その仕組みがわかっていましたけれど、寿司屋レストランの彼は、カナダにまで行かないと日本の製粉業界のルールに気づかなかったわけですよ。粉物ビジネスにも、目に見えない格差が取り決められている。そういうのを知っているのと知らないのでは、大変な差があると思うんです。経営術うんぬんより、業界の構造を知っていることの方がビジネスには大事。ちょっと情報を収集すればわかることですよ。努力も大切だけど、情報弱者が切り落とされる現実がここにもあります。

福本 そういう表からは見えない構造を持っている業界は、たくさんあるんでしょうね。

堀江　いくらでもあります。例えばテレビ局。主要キー局が6つしかないのは、希少性を保つことで利権を得ている一部の人たちがいるからです。局数を増やせばCM料金は、もっと安くできるはず。番組制作費も減らせるし、おもしろいコンテンツをつくる公正な競争もできるのに。それだと困る人たちが、買収や新局設立の動きを阻止しているんです。プロ野球も同じ。長いあいだ12球団なのは、希少性のほかに新聞でフォローできるちょうどいい数だとか、大手新聞社が主導する既得権益層の人たちの思惑が優先されているからです。数年前に球団数を減らそうとしたのは、その既得権益層の人たちが前ほど野球ビジネスで利益を得られなくなったから。事業を圧縮して、利益を守ろうという会社の発想ですよ。だから近鉄バファローズの買収に名乗りを挙げたライブドアは、彼らには邪魔者でしかなくて、新聞メディアからあれだけのバッシングが起きた。正直、僕は野球自体にはあんまり思い入れはなかったんですが（笑）、買収を成功させて、野球ビジネスの健全な公平性を保てと言いたかっただけなんです。

福本　健全な発想だ。堀江さんみたいに金も権力も動かせるような若い人が、既得権益層につっかかるのはいいことだと思う。

堀江　今はもう、そんな力ないですけど（笑）。ちょっと考えれば「この構造おかしいよね？」というビジネスはいくらでもあるのに、なぜ誰も何も言わないんですかね。思考停止しちゃっているんですかね。

福本　かもしれないね……。さっきのラーメンの話でいえば、俺は常々「ラーメンにのっているのは、なぜチャーシューと決まっているんだ？」と疑問なの。ハムでも焼き肉でもいいじゃん。どっかには、そういうラーメンもあるんだろうけど、主流じゃないよね。

堀江　困るのは、決まりきったものに異論をはさむと、過剰に怒りだす人たちですよ。以前、ある先輩に、僕が餃子のタレとして、青じそドレッシングを出したら文句を言われたことがあります。餃子はしょうゆ・ラー油・酢が定番だって。別に美味しく食べられるなら、定番じゃなくてもいいでしょう。創作寿司で、炙《あぶ》りマグロとかカルパッチョのせとかを「こんなの寿司じゃない！」って怒るような人もいる。そういう人はカリフォルニア巻きとか、全否定するでしょうね。

福本　マグロをマヨネーズで食べたらけっこうイケるのに。新しい喜びを知らない。

堀江　そうなんですよ。保守的な常識を変えたがらない人たちが多くて、しかも日本の価値観のほとんどが、そちら側に寄り添っている。僕みたいなことを言う人は、どんどん異端視される。

福本　年寄りは仕方がないけど、せめて若い連中は冒険してほしいよね。

堀江　この本にも書きましたが、会議のお弁当で使い走りさせたとき、サンドイッチとペットボトルのお茶を買ってくるやつが、大嫌いなんですよ。ちょっとは冒険して、ピリ辛肉まんとか温泉卵とか、新商品のジュースとか買ってこいよ！　と。

福本　俺も建設現場で働いてた時、飲み物を買いに行かされて、定番以外にもちょっと冒険的なモノを買っていったりしたよ。たいていそれが余って。ドクターペッパー[※18]とか……。

堀江　あははは！　たしかに僕も飲みたくない（笑）。

福本　仕方がないから自分で飲んだけどね（笑）。

素人の感性がおもしろいものをつくりだす

堀江　なにがなんでも成功する！と目標を持って努力している起業家は多いですけど、僕からしたらピントはずれなことをやってるなぁという人が目につきます。ビジネスのやり方は、基本的には人それぞれでいいんですけど。大きく成功するには、他人と違うことをやるのが最も確実なんです。誰かのマネみたいなビジネスで「いける！」と満足している。

福本　それじゃダメだよなぁ。

堀江　2匹目のドジョウで成功しても、たかが知れてるでしょう。株でも、他人と同じ投資行動していたら絶対に負けます。マイノリティに賭けなければ、本当の勝利はありません。

マジョリティに属していたら負け。これはビジネスの鉄則だと思うんです。

福本　そういうのを学校でも社会でも、教えないよね。

堀江　これはなぜでしょうね？

福本　成功する生き方よりも、成功した人間のいい部下になる方法を教えた方が、何かと都合がいいからじゃないの。

堀江　ああ、そうでしょうね。

福本　日本には、トップになる人材を育てようという発想がない。軍人みたいに従順な人を育てるのは、おそろしく上手だけれど。今トップを獲っている企業家たちに、誰かから教わって成功したんですか？と訊いても、みんな絶対に「誰でもない」と答えると思う。育つやつは勝手に育つけれど、そこからこぼれた人が、ただ命令を聞くだけの人生を送らされる国になりつつありますね。

堀江　戦前の軍隊の規律文化が、いまだに尊いものとされている。これは本気で薄気味悪いですよ。

福本　俺はほとんど漫画一筋の人生で、長いこと世間を外から眺めているから。一般社会が

18　1885年に発売されたアメリカでもっとも古い炭酸飲料で日本でも販売。20種類以上のフルーツ・フレーバーをブレンドした独特の味が特徴で、好き嫌いが大きく分かれる。

気味悪い方へ変わっていくのが、よけいにわかります。

堀江　福本さんの漫画家人生は、かざま鋭二[※19]さんのアシスタントからのスタートでしたよね。『風の大地』[※20]は僕もファンです。

福本　かざまさんは本当に絵が上手な人でね。すごく勉強になったけど、俺の絵は下手なまんま（笑）。でもかざまさんのところから出て、一番成功したのは俺ですよ。

堀江　なぜだと思いますか？

福本　俺がデビューした頃は、漫画界もまあまあ景気が良くて、絵の上手い新人に原作者をつけて、漫画を描かせる形が多かった。でも、まず初期の俺に原作をつけようっていう編集者はいないわけで……。必然、自分で話を考えざるを得ない……っていうか、元々、それが当たり前なんだけどね。結果的にそれがよかった。話を考え続けることで、気がつけば独自のスタイルを確立していた。

堀江　制作にあたってはたくさん取材をされるんですか？

福本　実は、あんまりしてない。作家って、綿密な取材や、実体験の引き出しが多くなければいけないと言われるけど、それはどうかなと思う。その意見を否定はしないけど、必ずしもたくさんの体験が良い創作を支えるわけじゃない。

堀江　福本さんは忙しいから、あまり取材の時間もないでしょう。

福本　実務的な理由もあるけどね。そもそも作家には、普通の人間の感覚がいちばん大事だと思っているんです。特殊な専門知識を知っているより、何万人もの庶民と近い好みや嗜好を持っている方が、漫画には役立つ。案外ひとつの専門分野に秀でている人って、漫画家に向いてなかったりするんですよ。プロ野球選手とかノーベル賞学者が、みんな一流の漫画家になれるってわけじゃないでしょ。

堀江　たしかに。イチローが、いい漫画家になれる気はあんまりしない。

福本　もし描いたら、読んでみたい気はするけどね（笑）。漫画家はスポーツにも政治経済にも詳しくなくていいんですよ。専門の知識に、こういう考え方はどう？と提案できる、素人の発想があればいい。実は漫画のおもしろいところって、その素人の部分だから。『銀と金』もそうやって、株やギャンブルの専門家にアドバイスを受けながら描きました。

堀江　専門知識をふりかざしただけの読み物って、つまらないですもんね。

福本　それは、わかりやすくして、読者に媚びるということじゃないんです。僕らの仕事は、読者と握手することだから。漫画の才能は抜群なのに、知識なんかが邪魔して読者と握手で

19　漫画家。代表作に『Dr.タイフーン』『ひかりの空』など、ゴルフ漫画の巨匠。
20　1990年～「ビッグコミックオリジナル」連載中のゴルフ漫画。

きてない作家はいっぱいいるよ。もったいねえなぁと思う。大勢の読者と握手できるように、話をおもしろく考えるのが正しい漫画家です。

堀江　そうやって福本さんは20年、売れ続けているのがすごいです。書店に行くと、福本さんの単行本がすごい数でズラーッと並んでいるでしょ。あれは最強のコマーシャルだと思います。この人の作品は長年、飽きられずに売れていますよ、という。

福本　最近は書店で作品を見かけて、ファンになってくれる人も多いです。福本伸行はよく知らないけど、これだけたくさん本が出ているんだから、つまらないはずがないだろうと。一冊でも手にとってくれたら、しめたものですよ。中身は絶対におもしろいから。

堀江　作品を残し続けるって、そういうことですよね。僕のやってきたビジネスとは違う、マーケットへの強い訴求力がある。例えば『アカギ』なんて、浸透度では『ドラゴンボール』と同じレベルでしょう。どこの地方の書店にも必ず置いてある。

福本　あれは1992年から始まって、24巻まで出ている。もうすぐ20年か、早いもんだね。あの作品は携帯電話配信の漫画ランキングで、10代の女の子に人気があるんですよ。

堀江　おっ、大金脈じゃないですか（笑）。

福本　そうなの？（笑）。

落ちている金をがむしゃらに拾う

堀江　この本では、若者たちが口にする漠然とした不安の正体を真剣に考えています。僕の考えは本稿で書いているので省きますが、福本さんは彼らの抱く不安を、どう考えますか？

福本　ふーん……。何が不安なんですかね？

堀江　一般論で言うと、日本社会の閉塞感とか、将来の先行きの不透明さだとか。

福本　そんなもん、俺たちの頃と変わらない気がするけど。悩むようなことかな？

堀江　その通りですけど（笑）。ちなみに福本さんは、どんな20代でしたか？

福本　漫画だけで飯が食えるようになったの

が、24歳ぐらい。バブル景気もあって、メジャー誌ではないけれど、ちょこちょこ仕事が舞い込んできていたから、なんとか食いつなげました。でも、漫画で一発当ててやろうとは、まったく考えなかった。好きなもの描いて、好きな旅行できればそれでいいやっていうぐらい。実際そうしていたし、家賃9千円のアパートにもかなり長く住んでいました。

堀江　不安みたいなのは、あまり感じてなかった？

福本　だいぶ生活水準は低かったですけど、とりあえず暮らしてはいけたからね。明日どうやって生きよう、というほど不安でもなかったかなぁ。堀江さんの20代はどうなの？

堀江　23歳で最初の会社を立ち上げて、いきなり儲かったんです。20代の前半は月100万円ぐらい自由に使えたし、会社もどんどん軌道に乗って、27歳で上場しました。だから僕の20代は、漠然とした不安なんて一切ありませんでした。

福本　俺とは次元が違うけど（笑）、あんまり不安を感じなかったのは、同じだね。そういう感覚って特別だったのかな。

堀江　福本さんは大きな連載もまだない時期で、不安定といえば不安定じゃないですか。それでも平気だったんですか？

福本　うん、気にならなかった。ちょっと稼いで、ふらっと旅行に出る『浮浪雲』[※21]みたいな生活が好きだったの。面倒なときは仕事を断ったりもしてたし、アシスタントも全然、使わなかった。このまま、ほどほどの人生がいいな……と思っていたんだけど。30歳過ぎたぐらいに、ちょっと違和感が出てきた。海外旅行していると、いろんな国で日本人に会うんですね。いつ誰が決めたルールか知らないけれど、長く旅していて訪問国数の多いやつが、なぜだか偉い。金を持っているわけじゃないんですよ。パックパックひとつで、貧乏宿を泊まり歩いているようなやつ。俺も初めは、そういう旅行者をすごいなと思っていたんだけど、ふと、貧乏旅行って意味なくないか？と気づいたんです。出費をできるだけケチッて、ろくに働かず、日本人同士で固まって、ただ年数と出入国のスタンプを重ねるだけの旅って、もしかして大きな人生の無駄なんじゃないかと。若い時分は、それなりに意義もあるんだろうけど、30過ぎてやることじゃない。ある時、グランドキャニオンを訪ねて、ちょっと高い金を払ってボートに乗るツアーに参加したんですよ。それが、めちゃくちゃ楽しかった。絶景を眺めて歩く無料のトレッキングもあるけれど、金を使って遊ぶ楽しさもあるじゃんと。金を出せば、喜びの選択肢というか、体験の引き出しが増えるじゃない。そこで貧乏を楽しむのはそろそろ卒業というか、経済的成功を目指して、いけるところまで頑張ってみたらどうだ？と思いたった。

21　ジョージ秋山作。1973年〜「ビッグコミックオリジナル」連載中の時代劇漫画。

堀江　スイッチが入ったんですね。

福本　そう。当時は売れている漫画家を斜に構えて見ていて、俺の才能をわかってくれない世間が悪い、とか思っていた。だけど心の底では、売れている人たちが羨ましかった。せっかく食えるレベルには来られたんだから、いっちょ本気で漫画に人生をぶつけてやろう！　売れるっていうのはどういうことか体験してやろう！と真剣になったんですね。

堀江　素晴らしい転機ですね。

福本　そこからは仕事を断るのを一切やめて、アシスタントも雇った。そして31歳で『天』、34歳で『銀と金』『アカギ』を描き始めました。

堀江　仕事を断らないのは成功するための基本姿勢のひとつでしょう。僕も仕事は断りませんよ。討論番組も青年会議所の講演も「アサヒ芸能」の連載も、分け隔てなく受けています。

福本　俺ももともと貧乏性だから、来る仕事を断るのは、落ちている金を拾わないのと同じことだと思う。若いうちは妙に気取って見逃していたけど、スイッチが入ってからは、10円でも落っこちていたら、がむしゃらに拾いに行きました。成功するのは、落ちている金を躊躇なく拾える人間でしょう。

堀江　あと福本さんの場合は、早いうちに絵が苦手だと自覚されて、話づくりの研鑽を積まれたのも強みだったと思います。

福本　俺は、おもしろい漫画を描くことに絶対の自信を持っているんです。他の漫画家と話すとびっくりするんだけど、多くの人はあんまり話の先の展開とか考えてないんですよね。俺はすごく明確に展開を決めています。『カイジ』にしろ『賭博覇王伝　零』[※22]にしろ、いうならネタ漫画だから、最終的な〝あがり〟が自分の中でわからなかったら、配牌もできないわけ。だから描く前から、効果的なセリフも表情、出来事、その細部まで考えている。つまらない要素はぜんぶ省いてから、描きだす。

堀江　そりゃあおもしろくなるわけです。他の漫画家さんもそうしたらいいのに。

福本　ねえ（笑）。でも恋愛漫画とかは、いきあたりばったりの方がおもしろかったりする……と思う。方法論はいろいろあっていい……と思うけど。まあ、俺は事前の準備なしに描きだすことはできません。

堀江　そういう準備する努力をしていないから、若い人たちは不安なんじゃないですかね。

福本　かもしれないね。あと、今の若い人は、自分は幸せなんだと思った方がいい。不幸だと思ったらダメ。例えば25歳で会社をクビになっても、身体が元気で日本に住んでいられたら、何だって生きていけるんだ。仕事はいくらでもある。新聞配達は常時募集しているし、

22　2007年～「週刊少年マガジン」連載。現在は一時休載中。17歳の少年・零を主人公としたギャンブル漫画。他の福本作品と比較して、謎解きの傾向が強い。

郊外の街を歩いたら、どこでだって店員募集しているよ。そんな仕事したくない、という考え方じゃなくて、こんなにも選択肢に恵まれた環境で生きていられる幸せを、しっかり受け止めてほしい。

堀江　同感です。世の中、仕事がないないって騒ぎ過ぎですよ。不平を言っていたら、いつか誰かがいい仕事をくれると思ってるんじゃないですかね。

福本　間違っているよね。そもそも仕事についたから成功ってわけでなく、その仕事を通してトライし続ける人が、本当の成功ってヤツを手にするんだと思うよ。成功できないとしたら、それはトライし続けていないんだよ。先日、漫画のコンベンションの仕事で、フィンランドに行ったんですよ。あの国の現状を見て、いろんなことを考えちゃった。

堀江　世界有数の福祉国家でしょ。いい国じゃないんですか?

福本　いい国はいい国なんだけど。なんというか……こう、パワーがないというか。街に、あんまりパッとしたレストランがないの。だから、通訳の人に「回転ずし屋があったら観光客ふくめ、地元の人もきっと来るよ。繁盛する」と言ったら、のほほんとした顔で「いいですね。もし新しくできたら家族と行きたいです」と答えた。「いいアイディアですね。日本語力を使って私が起業します!」という話にはならない。小さいことなんだけさ、人々から成功してやろうという覇気が感じられない。国家から人生をまるごと終身保障されているからなのかな。福祉が整っているのは素晴らしいことだろうけど……。あの気の抜けたような雰囲気は、ちょっとどうかなと思った。なんとなく日本の若者にも似ている気がしました。

堀江　恵まれ過ぎちゃっているんですかね。

福本　俺は、あの環境が恵まれているとは思いたくないな。思いきったこと言っちゃうとさ、保障が整い過ぎている人生は、つまらないんだよ。『天』のなかで書いた「詰将棋みたいな人生を考えている」というセリフは、今の若い人に当てはまる気がする。こう打って、こう指せば必ず詰めるという将棋しか、指そうとしてない。でも人生って絶対、詰将棋なんかじゃない。よめるのはせいぜい3手先ぐらいじゃないの。手が悪くても必ず盛り返せる。そういう先の手の可能性に、楽しみを見出さなきゃ。

堀江　詰将棋しか打てない自分たちに、コンプレックスは感じているはずだと思いますよ。でも、コンプレックスも人生には絶対に必要。それを克服することで、上に行くことができる。僕も日々、コンプレックスと戦っていますから。

福本　そうなの？　ありそうにないけど。

堀江　いえいえ。例えばモテないことについては、コンプレックスです。

福本　キャバクラとかでは、モテそうじゃないですか。

堀江　まあある程度はイケるんですけど、一番じゃなきゃ嫌なんです。僕の飲み仲間には、モテのドリームチームみたいな連中がいて（笑）。そいつらの武勇伝は本当にすごい。そんな彼らからひとつでも白星あげることに、やりがいを感じています。

福本 かなりお金のかかりそうなコンプレックス克服法だけど。

堀江 あははは！

福本 でもそうやって克服していくと、いいことあるんだよね。

堀江 あります、あります。少なくとも恋愛に関しては、いいことだらけです。

福本 克服できない人は、「何もいいことなんて起こらないんじゃないか？」と思っているかもしれないよね。違うんだよ、100打数1安打でもいいの。その1打が、人生をひっくり返す幸福になる可能性はある。でも、打席に立たないと、ヒットは永遠に出ないから。

堀江 麻雀もそうでしょう。素人の打ち方で役満上がることも稀にある。その可能性に賭ける精神は持ち続けたいですよね。卓を囲むのって、すごくいいことだと思う。一度囲んだら勝負せざるを得ない。チャレンジの場に強制的に立たされているんです。そこで戦えた人は、結果的に負けたとしても、必ず人間の強度が上がりますよ。

福本 痛い目を見ないと、勝ち方も覚えられない。俺たちは普通の人より、さんざん痛い目を見て学んだ方でしょう（笑）。

堀江 そうですね（笑）。雀卓につく勇気さえない人は論外です。勝てる可能性を放棄した人に、未来はありません。将来が不安だという若い人は、試しに雀荘に行ってみたらいいんじゃないですか。

運命を共にする仲間には才能を分け与える

堀江　福本さんは、家族や昔の仲間を大事にしていますか？

福本　うん。まあ些細なぶつかり合いはあるけどさ。基本的には、家族も仲間も大切だよ。やっぱり彼らがいるからこそ、俺はここまで成功できたという思いはある。

堀江　そうですか……。

福本　堀江さんは、違うの？

堀江　この本でも書いていますが、僕は家族も仲間も捨ててきました。別にそう生きなきゃダメだと言ってるわけじゃないんですが……。成功する過程で、家族とか仲間を大事にするメリットが、よくわからない。

福本　うーん……。

堀江　そもそも、昔の仲間と高いレベルで目標を共有し続けるのって、不可能だと思いませんか？

福本　同じステージにいられない、ということですかね。

堀江　そう。つまり成功の過程で、人間関係をどうアジャストしていくかという。ビジネスで上へ昇りはじめると、前の仲間とは話が合わなくなってくるでしょう。次元が低くてつまらないというか。

福本　たしかにそういうところあるかも……。

堀江　仕事で深く関わった相手だと、よけいに悲しくなりませんか？　こいつ、まだそんなレベルなんだって。僕はこれまでの人生で、レベルアップできない周りの人と、意識的に関わりを絶ってきました。頑張っていない連中と、いつまでも一緒にいる必要はないんじゃないかと。

福本　俺はその考え方が、正しいとも悪いとも言えないけど。自分自身の実感で言うと、成功してないやつにも、俺の何倍も頑張ってる人はいると思うんだ。ただ努力に対するセンスというか、目的への取り組み方が間違っているのかもしれないけれど。その人が頑張っているという事実だけは、否定できるものじゃないでしょう。

堀江　そうですかね……。

福本　長く頑張っているから偉いとは言わないが、それでもやっぱり「継続は力なり」って、本当に大事なことだと思うんだ。俺ならどんなに調子の出ないときも、ともかく週一本は漫画を仕上げる。……ってことが途切れていたら、たぶん今の俺の状況にない。

堀江　福本さんは、高いレベルに到達できたからいいんですが、高いレベルに行けなかった人は、どうしたらいいんですか？

福本　うーん。じゃあポンと切り捨てたらいい、とは俺はあまり思えない。ただ、仲間でもレベルが変わると話ができなくなるっていう、堀江さんの言っているような違和感は理解できる。そこは別に埋めなくても、いいんじゃないの。みんなが同じ速度で、同じレベルへ駆け上がって行けるわけないんだから。

堀江　そうですよね。

福本　俺は成功者のすぐそばにも、同じだけ努力している、芽の出ていない人がいるという事実は、忘れたくないんです。

堀江　謙虚なんですね。

福本　というか、もっと自分も頑張らなきゃと思うための原動力みたいなものかな。

堀江　仲間に利益を分け与える人生については、どう思いますか？

福本　というと？

堀江　バンドを例に挙げると。優秀なフロントマンがひとりいて、他のメンバーを引っぱって成功しているバンドが多々ありますよね。いってみれば、高いステージにいるひとりが、周りのメンバーを食わせている。あるバンドによっては、とてもプロでやっていけるレベルじゃないメンバーがいても、フロントマンが何とかしてあげているんですよ。それが美談になっている雰囲気があって。すげえなと思うんですよね……こういうことをサラッとできるフロントマンの包容力って、僕には正直、理解できない。

福本 ふーん、なるほどね。

堀江 才能のない人を経済的にも社会的にもすくい上げる大いなる包容力ですね。これは、成功するためには必要だと思いますか？

福本 難しい質問ですね。

堀江 僕は昔から一方的に他人から頼られるばかりで、ギブ・アンド・テイクの関係を築けなかったんです。だから才能格差のあるバンドがうまく回っている理由を、うまく想像できない。才能を分け与える側と、分け与えられた側。どちらに何の見返りがあるのか、ちょっとわからなくて困惑します。

福本 まず、才能を分け与えるという考え方が、違うのかもしれないですよ。例えばサザンオールスターズなんて、どう見たって桑田佳佑の才能で持っているバンドじゃない。でも原由子も他のメンバーも、みんなサザンオールスターズであることには違いない。才能の量に差はあるかもしれないけど、それぞれ楽器が上手いとか雰囲気づくりが上手とか、バンドを

成立させる役割分担がある。桑田さんが才能を分け与えて成立させているんじゃなくて、メンバー全員がお互いに補完し合うことで、ひとつのチームができているんじゃないのかな。

堀江　そのチームを存続させていくのが、桑田さんの人生でもあるんですかね。

福本　じゃないのかな。あと彼自身の生まれ持った器量の部分もあるでしょう。「どんなに成功しても、ずっと仲間と一緒にやっていくんだ！」みたいな。成功しているバンドって、フロントマンを中心に、気づいたら最初のオリジナルメンバーで何十年も続けちゃうみたいな世界があるじゃない。うまく言えないんだけど、バンドって商売でやってない気がするんですよね。もちろん金は稼ぐんだけど、ある種の精神的なものを拠《よ》り所にしている印象がある。

堀江　僕の考えるビジネスの論法では、解けない何かがあるんですかね。

福本　たぶんね。起業家はだいたい、儲けてやろうと思って事業をスタートするけど、バンドは違うじゃない。

堀江　女にモテたいからですよね。

福本　その通り（笑）。動機が金じゃないところから始まっているから。メンバー内で経済的な利益を分け合うことに、それほど抵抗はないんじゃないかな。

堀江　成功しているバンドのすごいのは、モテさえも分配しているところですよ。フロントマンが女の子をひとり占めできるのに、ヘタしたら曲も詞も書かないメンバーが一番モテたりするでしょ。僕がフロントマンだったら爆発しますよ。

福本　ははは！　堀江さんは、今モテてるんだからいいじゃない。

堀江　いやいやいや。でも、利益を仲間に分け与えるのが当然というのは、ちょっと違う気がするんですよね。昔から同じ関係を保ちつつ、対価のない分配を施すのって……そもそも何が楽しいんでしょう？

福本　楽しくてやっているわけじゃないよ、きっと。それが当たり前のレベルにいっちゃっているんですよ。

堀江　例えばレコード会社のエイベックス。社長の松浦勝人さんをはじめ、経営のトップ陣は、川崎で貸しレコード屋をスタートさせた20歳ぐらいの仲間たちと変わってないでしょう。創業メンバーで同じ事業を何十年もやり続けるのが、僕の発想ではあり得ない。新しいことを別の仲間とスタートさせた方が、楽しいに決まっているし、ビジネスも次々に広がっていくじゃないですか。でもエイベックスは、停滞せずに、音楽業界で成功しているんですよね……。昔の仲間と一緒に何年もやっていくというスタイルが、当たり前に通用するのが、不思議でならない。音楽業界特有の現象なんですかね。

福本　まあ、特殊な世界ではあると思う。でも音楽の世界は、ひとりの傑出した才能を、それほどありがたがってない気もするんだ。バンドで成功したメンバーがソロでデビューしても、バンドの時より売れた例はあんまりないでしょ。

堀江　ああ、なるほど。

福本　ＡＫＢ48の前田敦子や大島優子はすごい人気だけど、グループを辞めたら、たぶんダメでしょ。ダメというか、グループ時代の価値はなくなる。確実にＡＫＢの中にいることが追い風になっている。

堀江　そのたとえはすごくよくわかります。チームに属していることで、ある意味、リスクとプレッシャーの分散になっているんですね。

福本　だろうね。桑田佳佑はたしかに才能あるけど、ソロ活動がベストパフォーマンスだとは言えないじゃない。やっぱり彼はサザンオールスターズにいるときに、最大限の才能を発揮できていると思う。

堀江　トップの包容力って、そういうところに理由があったのか……何か、少しすっきりした気分です。

福本　ならよかった（笑）。

堀江　でも福本さん、僕だってライブドア時代は、会社というチームみんなで活動しているつもりだったんですよ。なのに、バッシングを受けるのは僕個人ばっかりで……意外とキツかったですよ（苦笑）。

福本 ハハハ。世間は、チームだとは見ていなかったんですよ。球団買収にフジテレビ買収、一連の騒動をぜんぶ堀江貴文という男ひとりが仕掛けたと決めつけていた。

堀江 そんなわけないじゃないですか。

福本 あなたは悪い意味で、目立ち過ぎちゃったんだ（笑）。

堀江 そうなんですかねぇ。

福本 でも、それは大変な才能なんですよ。普通の人は絶対にできない。使い方次第で、いくらでも支持を集められるから。

堀江 外からの見え方を工夫しないといけない。これは難しいなあ……。

チャレンジを続けるのが本当の天才

堀江 『天』のラストで、赤木しげるが、最後は死んじゃうって本当ですか？

福本 あれ、そこはまだ読んでないの？

堀江 単行本でまとめて読むつもりだったんですが……。ちょっとショックですね。なんで死んだんですか？

福本　アルツハイマーに侵された彼は、自分が自分でなくなる前に、自ら命を断つことを決める。厳密には自殺補助装置を使って死ぬの。単行本の16〜18巻あたりがハイライトですね。普通、単行本は巻を追うごとに売れ行きが減っていくんだけど、『天』は16巻からちょっと伸びるんです。読者も赤木のあの死に様に、強く感応してくれたんでしょう。

堀江　それは、尊厳死の意味を問うのがテーマだったんですか？

福本　赤木の死に方には、俺自身の人生に対する「問い」がちりばめられていて、どんな生き様が素晴らしいのか……っていう「問い」――。何を大切にしたか？　何を追いかけたか？　例えば「熱い三流なら上等よ……！」みたいな、ひろゆき[※23]に対するエールも、その中にはある。

堀江　いやあ、名ゼリフですね。

福本　ありがとうございます。

堀江　チャレンジし続けたから、言えたんですよ。赤木はもともと天才だったんじゃなくて、チャレンジをやめなかったから、本物の天才になれたんだと思います。麻雀と同じですよ。打ち続けていたら、いつか必ずあがれる。なのに途中で降りたら、そこでジ・エンドです。傷を負わず、最低限の身の安全は守れたかもしれないけど、熱くない、ただの三流で終わってしまう。

福本　熱くない三流は、だいたい傷つくのを極端に怖がってる人ですね。そういうのに限って、成功への渇望が強かったりする。おかしな話ですよ。無傷のまま、人は上に行けるわけがない。

堀江　ナイーブ過ぎますよね。『モテキ』[※24]の主人公・藤本[※25]みたい。

福本　あれは相当イラッとくるよね（笑）。

堀江　原作漫画でも突っ込まれていますが、ナイーブな男ってろくなもんじゃないです。女の方から土下座して、セックスしてください！と頼まれないと、好きな女も口説けないような（笑）。

福本　堀江さんは、若い頃から自分から女を口説いてた？

堀江　いや、それが……。高校時代はめちゃくちゃ奥手でした。男子校でしたから、女子と話す機会があんまりなくて。それに当時はシャイで。見た目に自信がなくて、田舎者なのでオシャレもわからない。こんな冴えない男に話しかけられても、女子は迷惑だろう……と、

23　『天　天和通りの快男児』の主人公の一人・井川ひろゆき。理詰めの麻雀を得意とするが、慎重さを重視する傾向があり、苦戦することも。

24　久保ミツロウ作。２００８～２０１０年「イブニング」連載。単行本全４・５巻。今までモテたことのない草食系男子が、突然、さまざまな女性からアプローチされる「モテ期」に突入する物語。

25　同作主人公・藤本幸世。29歳の派遣社員。人生初めての「モテ期」が到来するが、自身に対するコンプレックスと恋愛下手から、なかなか恋はうまく進展しない。

悶々としていました。

福本 コンプレックスですねぇ。

堀江 その塊みたいな少年でしたよ。今、客観的に思えば、それほどひどい環境でもなかったと思うんですけど。今でも、あの当時のいじけた気持ちは、心の底に残っています。

福本 どうやって克服したの？

堀江 僕の場合、たまたま女の子の方から興味を持ってもらえたんです。

福本 それは幸運だね！

堀江 大学に入ってすぐの頃に、塾講師のアルバイトで、生徒の女子高生に興味を持たれだしたんですよ。わりと可愛い娘に、「堀江先生、彼女いるんですか？」とか言われたりして。

福本 いい青春だ！

堀江 でも悶々としていた時代が長いので。そんなモーションかけてこられても、戸惑うだけなんですよ。まさに、『モテキ』の藤本みたいな（笑）。そのうち、女の子と話すのにも慣れてきて、いつまでも受け身ではいられなくなって。だんだん女の子を口説く楽しさに目覚めていきました。いまはすっかり『モテキ』の墨田状態です[※26]（笑）。男のモテるモテないって、女の子に堂々と声をかけられるか、かけられないかの差しかないと思うんですよね。

福本 モテない若い人には勇気の出る話ですね。堀江さんみたいに、心の持ち方次第で、将来はモテるオヤジになれるかもしれない。

堀江　何でもそうですけど、やっぱり自分から飛び込まなきゃダメです。麻雀だって、まず雀卓につくのは、自分の意思じゃないですか。

福本　ヤバくなったら降りればいいとか、初めから身の安全を考えないで、スッカラカンになってやる！という覚悟で、挑んでほしい。傷だらけになっても、打ち続けていれば、必ず突破口は開くから。

堀江　突破口を開かないと、いい女ともセックスできないし、ビジネスも成功しません。さっきも言ったけど、ナイーブで損をしているような若い人は、まず麻雀から始めてみたらいいんですよ。退屈な講演会に行くより、メンタル面の役に立ちますよ。もしくは、福本さんの漫画を読破するとか。

福本　それは効果的だ！（笑）

〈2010年9月収録〉

26　同作に登場するキャラクターで40代。藤本と顔はそっくりだが、女慣れしたプレイボーイ。セクハラ的な言動も。

あとがきに代えて

僕の周囲から聞こえてくるのは不満や不安ばかりである。

未来への希望とか発展というような、ポジティブな話をしている人は皆無に近い。僕は宇宙開発など前向きなことに人生を投資して生きてきたつもりだが、渦巻く不平不満は、挙げ句の果てに、僕自身の足を引っ張るに至った。

こんな世の中をどうにかしたい、と、常々思ってきた。

ブログやメルマガなどを通じ情報発信して、少しでもポジティブな社会づくりをしようとしてきた。そのプロセスで考えたことを一冊の本にまとめてみようと考えた結果、完成したのが本書である。

まずは、その不安とやらの正体を突き止めるところから作業は始まった。

本来、僕はあまり他者の考えていることに興味がない。いや、興味がないわけではないのだが、面倒臭そうなので深入りしてまで突き止めないことにしている、というべきか。ともかく、さまざまな「君」のパターンについて分析を繰り返し、時には自問自答することもあった。その結果、自分自身の課題、克服しなければいけないことなども浮かび上がってきた。そんな困難なプロセスに、ひとつの道筋をつけてくれたのが、本書のカバーイラストを引き受けてくれた漫画家の福本伸行さんだ。

福本さんは、本書の発行元と同じ徳間書店から刊行された、僕の処女小説『拝金』のカバーイラストを描いてくれた佐藤秀峰さんの師匠格にあたる。佐藤さんのイラストが好評だったこともあり、次の書籍のカバーも実力ある漫画家に描いてもらおうと打診したところ、快諾していただいた。『カイジ』『アカギ』という、漫画史に残る大作を次々と生み出してきた福本さんに描いてもらえるなんて思ってもみなかったので、本当に感激した。

荒涼としたオフィス街にたたずむ、一人の青年。このモデルは福本さんの代表作のひとつ『天』に登場する井川ひろゆきだ。頭も切れて、理知的な麻雀を打つ彼だが、反面、常識に縛られている部分が災いして、今ひとつ突き抜けられない彼である。そのひろゆきをイメージしてもらった。彼のスーツは薄汚れ、表情には切迫感を漂わせている。それはさまざまなものに縛られている「君」の今の姿なのかもしれない。

だが、彼の頭上に広がる空は、どこまでも青いのだ。そのことだけは忘れないでほしい。

イラストの完成と同時に、福本さんとの対談を本書に収録させていただくことになった。

現在51歳の福本さんは「オヤジ」ではなかった。むしろ少年そのままのような印象だった。福本さんがブレイクしたのは、30代半ば。漫画家の中では遅咲きの感すらある。その年齢まで、モチベーションを維持し続けられたのは生来の才能かもしれないが、思考停止に陥らず、世間の常識に縛られない生き方をしていたことが、その若々しさを保つ秘訣だったのだろうと思う。

福本作品の中でも異色作といえる『最強伝説　黒沢』の主人公・黒沢が、1巻の冒頭で、サッカー日本代表の試合をテレビ観戦しながら、心中で抱く素朴な疑問と叫び。――感動などないっ！　あんなものに……　オレが求めているのは……　オレの鼓動　オレの歓喜　オレの咆哮　オレのオレによるオレだけの……感動だったはずだ！――。

誰しもが少しは考えたはずだが、決して口にすることのない言葉。そんな表現の中に、常識や大衆迎合への挑戦の姿勢が表れていると、僕は強く感じる。

あるいは、30代にもなって、そんな中高生のような思考プロセスを続けるなんて青臭すぎるという声もあるだろう。

だが、そんな人間だけが「オヤジ」にならずに一生を生き抜けられるのだ。

僕はこれまで何度となく「大人になれよ」と言われ続けてきた。

彼らが言う「大人」とは、僕の基準でいえば「オヤジ」にほかならない。周りに迎合して自分の意見は封殺し、その状況を受け入れるために、自ら進んで思考停止のプロセスに入ってしまうということだ。

それは、周囲の環境に負けて思考停止した「オヤジ」たちの同調圧力である。僕はそんなものに染まってたまるかと生きてきた。その結果、福本さんのように「オヤジ」にならなかった人たちに、たくさん出会うことができた。彼らは総じて魅力的だし、異性にもモテる。そして何よりもごく自然に同調圧力に対抗できている。柳に風、という言葉がぴったり当てはまるように。

思考停止せず、「大人」への誘いを拒否してきた彼らは、今でもカッコいいし、そのカッコ良さは生活やビジネスの中に組み込まれている。

そんな生き方がしてみたいと思う。青臭くて上等。本書を発信した後も、悩みに悩み抜き、答えを出し続けていきたい。

２０１０年９月29日　38歳の１ヶ月前に

堀江貴文

1972年、福岡県生まれ。実業家、ライブドア元代表取締役CEO。2006年、証券取引法違反により東京地検に逮捕され、一審で懲役2年6月の実刑判決(控訴は棄却)。現在上告中。最高裁判決を待つ。著書に『徹底抗戦』『新・資本論』『拝金』など。

公式ブログ「六本木で働いていた元社長のアメブロ」
http://ameblo.jp/takapon-jp/

公式メルマガ「堀江貴文のブログでは言えない話」
http://www.mag2.com/m/0001092981.html

構成　浅野智哉
撮影　松山勇樹(徳間書店)
編集担当　時田 立(徳間書店)

君がオヤジになる前に
2010年10月31日　初刷
2011年 1 月30日　6刷

著者　堀江貴文
発行者　岩渕 徹
発行所　株式会社 徳間書店
〒105-8055　東京都港区芝大門2-2-1
電話　03-5403-4335(編集)　048-451-5960(販売)
振替　00140-0-44392

本文印刷　株式会社廣済堂
カバー印刷　真生印刷株式会社
製本所　ナショナル製本協同組合

ISBN978-4-19-863049-2

勤続5年、
そろそろ役付き
になりそう

離婚？
考えないわけじゃ
ないけれど

子供を
つくってこそ
一人前

時間に追われる生き方には疑問がある

失敗は怖い。
完全独立には踏み切れない

退社前に今の部下を
一人前に育てたい

プレゼンスキルに
磨きをかけたい

空気を読む
能力はあると思う

今後は顧客の
接待も増えそうだ

思慮深く、慎重な性格だと思う

転職に役立つ
スキルって何だろう？

営業成績を上げる
テクニックは？

正直、接客業は
向いていないと思う

目の前が開けるような
成功者の助言が欲しい

牛丼とコンビニ弁当で
大丈夫。燃費はいいと思う

準備は万端に整えた…はず

惨めな
老後だけは
イヤだ

作品制作だけで
一生を静かに過ごしたいと思う